新潮新書

三浦知良
MIURA Kazuyoshi

とまらない

563

新潮社

プロローグ――前へ。次へ。それだけを考えて

２０１４年の早春を迎え、僕はプロサッカー選手として29年目のシーズンへと走り出している。

月日を重ねるごとに、サッカーへの思いがひしひしと強くなっていく。現役選手であることの充実感を、一日一日、大切なものとして噛み締めている。一日、一歩、ワンプレーが、とても貴重なものに感じられる。その重みが、僕を、俄然《がぜん》、やる気にさせる。

およそ30年前にブラジルへ留学してプロになってから、一体どれだけのトレーニングを積み上げてきたことだろう。どれだけの試合をくぐり抜けたことだろう。プロで29年

目といっても、プロになる前の小学生のころからサッカーをしていたわけだから、かれこれ40年以上のつきあいになるわけだ。10代なら10代で、30代なら30代で、人生それぞれの場面でサッカーが僕に与えてくれたものがある。生活の面でも、また人としての生き方でも、すべてをサッカーから学んできた。これからもサッカーが僕を成長させてくれる。そう思っている。

シーズン前の練習試合。スポーツ紙の記者がぞろぞろと見にきてくれる。次の日の新聞には、今年47歳になる僕がピッチを駆ける写真が載る。みなさんはその写真から色々なものを感じ取るのだろう。僕が積み重ねてきたものを感じ取り、僕の姿に何かを重ね合わせるのだろう。何よりも僕自身にとって、サッカーで懸命に走っている自分の姿を見るのが一番幸せだ。サッカーが楽しいとか居心地がいい、では足りないかもしれない。僕はサッカーを生きている。

ブラジルでプロになりたての頃、まだピンピンしている35歳や36歳のブラジル選手を目の当たりにして、「なんであの年であんなにプレーできんのかな」と不思議でならなかった。スポーツ選手は30歳が一つの目安、とは昔からよくいわれたこと。まずいプレーをしたとする。10代や20代ならば「調子が悪かったから」と言われるところなのに、30歳を過ぎると「彼は限界だから」と片付けられてしまう。そんな見方が常識としてあったから。だから日本でプレーするため帰国したとき、30歳を超えたラモス瑠偉さんの姿に「なんであんなに走れるのかな」と思わずにはいられなかったものね。30歳を超えれば限界。僕もそうみなされた一人だった。

いま、そうした30代前半にさしかかった選手たちを僕から眺めると、まだまだ若いというか。Jリーグだけでなく、全世界に目を広げてみても、どんなサッカー選手に対しても「みんなまだまだやれるよ」と思ってしまう。しっかりした練習、しっかりしたコンディショニングをやり続けることで、長くできる選手はもっともっと増えてくる。プロの世界には雇う側の考えもあり、自分の意思だけで続けられるわけではないけれども、年齢的な限界についてはこれからどんどん引き上げられていくのだろう。

これまでの28年間、自分のスタンスは変えることなく、かつ変えるべきところは変えながら歩んできた。２０１４年シーズンに臨むにあたっても、オフの期間中から筋力トレーニングで新たなメニューを入れるなど、やり方を微調整し工夫している。ただ、それが本当にいいかどうかと聞かれれば、まるで確証はない。47歳の選手がそれをやって、効果的に試合で動けるようになるのか？　例えば筋トレであったら、やれば筋肉は当然強くなる。60歳でも70歳でもそうだ。でも僕の場合は筋力向上をサッカーに結びつけないといけない。そして、そのことに関する頼もしいデータはまったくない。10代や20代ならたくさんサンプルとなるものがあるだろう。でも40代ではそうはいかない。一般論や平均値をあてはめて考えるべきものでもない。

整形外科の権威とされる先生に助言を求めにいくと、こんなやり取りになった。「先生、いましているこのトレーニングを増やしたら、やり過ぎになりますかね？」「うーん、37歳なら分かるんだけどね、47歳となるとなあ……。まあ君も年齢が年齢だから、気温10度以下の場所では、やるな。休んで。あと湿度の高いところとかも避けて」「……先生、それじゃ僕、プロとしてできないじゃないですか」。ありとあらゆる医学的見地から解答しようとしても、僕に対してはどうも答えにくく、あやふやになってしまうようで……。

いま、僕が走り続けているのはそういう地点なんだろう。10代や20代なら前例がいくつもある。倣うべきものがある。でもこれからの僕には、「これをやればＯＫ」という正解は用意されていない。誰に聞いても分からない。やることなすこと、一つひとつがすべて未知のこと。そして新たな挑戦でもある。

若いときは怖さなんて無縁だった。熱かろうが寒かろうが「関係ないね」と、すぐに順応してＭＡＸまで自分の状態を高められた。いまは温暖な自主トレ地・グアムから肌寒い横浜に移動すると、体がイメージ通り反応してこないときがある。そこで身につけつつあるものが、慎重さであったり、体と対話するすべだったり、賢さや経験であったりする。この３年、僕は本質的に何も変わっていない。とはいっても肉体は正直だ。細部は確実に変化している。

毎年、12月31日になると考えること。「明日からの1月・2月で、どこまで自分を追い込めるのか。どこまで自分の体は耐えられて、乗り切ることができるのだろうか」。10年前はもちろん、5年前、3年前とも、自分のからだは違うわけだからね。仮に乗り越えられなかったら、もしかしたら、もうプレーはできないかもしれない、と。

横浜市・西谷の練習場。横浜FCのみんなと走る。僕が先頭を切る。ふいに胸によぎるものを抱えながら、芝を踏みしめているときがある。「これができなくなったら、やめなくちゃいけないんだな。こうしてみんなと同じように走ることができなければ、自分にサッカーをする資格はもうないんだな――」。

でも僕は、まだやれる。2014年も1月3日からグアムで始動して15日からチームに合流、そこから約1カ月、体と頭を使ってしっかりコンディションを作り上げている。チームで課せられた（ときに大いにしんどく過酷な）練習メニューをほぼ休むことなくこなす。最初の練習試合で30分間、次は45分間、フルに動いても体にネガティブな反応は出ていない。「一寸先は闇」なのがプロの世界だけれども、沖縄キャンプを乗り切れば、また1年しっかり働けるかなという実感がある。ケガなくいければ、またいいシーズンが迎えられそうだという確信がいまはある。

もちろん怖さもあるよ。調子が良すぎて動けすぎて、パワーを出しすぎてケガしちゃうこともあるから。でもそんな〝失敗〟も、挑戦のうちなんだ。勝負する、白黒をはっきりつける。だから、やめられないね。

僕は振り向かない。プロになって29年になろうが、30年になろうが40年になろうが、たとえ何年になろうとも。

もちろん、反省はしますよ。オフ中の12月だったら、「なんと奔放で野放図な生活をしてしまったことか。シーズン中なら考えられない……」と、反省することは多いですよ。

でも後ろは振り向かずに。昨日でも明日でもなく、「今日」しか僕の目には映らない。今日というこの日、このひととき、自分に何ができたのか。自身のどこを伸ばせたのか。そんな今日を、自分がどう感じているのか。それこそが大事なんだ。

J1で139得点、J2も合わせると157得点ぐらいゴールしたんだろうか。そんなものは、もう過ぎたことだ。157ゴール、そんなものより「158点目」なんです。そしてその158点目を挙げたとしたら、次は159点目が大事なんです。

人生は本当に一つひとつの積み重ねでしかない。たくさんハットトリックができた、それはもういい。次、そしてまたその次の1点へ。そして次の1勝へ。これなんです。今までたくさんの優勝を味わってきた。勝ったり負けたり、栄光も挫折もあった。充実のプロ28年間。でもそれはもう過ぎたこと。「次の1勝」、そこに僕は自分のすべてを注ぎたい。

「カズは私生活でも止まってないよ」。友人に言わせるとそうらしい。「常にスケジュールはいっぱいだし、何事も人任せにせず自分でしないと気がすまないし。ひとところにじっと座っていられないんじゃないの?」。止まっていない、止まれない?

奇麗な引き際をみせて現役としての歩みを止めようだとか、指導者の道を新たに歩もうだとか、いまだにまったく考えもしません。「とまらない」。いいんじゃないでしょうか。

とまらない●目次

I　僕たち自身が変わろう――２０１１年

Ⅱ　新たなる冒険と挑戦――２０１２年

Ⅲ　習慣と工夫、継続と刷新――２０１３年（～２０１４年春）

I　僕たち自身が変わろう——２０１１年

【２０１１年】　＊太字は著者自身の動向

３月11日　東日本大震災発生。
３月29日　**震災復興支援チャリティーマッチ（大阪・長居）に出場。ゴールを決める。**
４月23日　震災の影響で中止されていたＪリーグ公式戦が再開。
６月15日　**朴智星選手が呼びかけたベトナムでの慈善試合に参加・出場。**
７月17日　サッカー女子日本代表がワールドカップで初優勝。
８月４日　元日本代表の松田直樹選手（松本山雅）が急逝。
８月31日　**来日したＡＣミランＯＢチームとＪリーグＯＢチームの大震災復興支援慈善試合に特別枠で出場。**
10月８日　**天皇杯の初戦**（２回戦）でＪ２の横浜ＦＣがＪＦＬ（当時）の松本山雅に０－２で敗戦。
12月３日　Ｊリーグ公式戦日程終了。**横浜ＦＣはＪ２の18位に沈む。**

内なるルール、心のリセット

お久しぶりです。さて、このオフも2日か3日に一度は体に刺激を入れていました。1週間ほど「ベタ休み」すると、再び動き出すときに動きが戻りにくいのでね。結局、完全に休んだのは12月末の4日間ぐらい。その「休み」も、ボーッとなどしていません。行動は分刻み。そのときにしておくべき生活のもろもろのことを、順序立ててやっていく。

1月末の沖縄キャンプ最終日も午前中はハードに走り、夜の0時近くに飛行機で横浜に帰ってきた。みんなぐったり。僕はそのまま羽が生えた鳥のように夜の街へ消えていった。でも、この時期はアルコールは口にしない。オフだろうとオンだろうと、自分の中にルールがあるんだ。そもそも僕はみんなと遊ぶことが好きなのであって、お酒はオプションの一つだから。

内なるルールは破らない。他の人とは違うルールかもしれないけど、崩すと調子が狂う。

飲まないと決めた場面で飲んだとしたら、僕にはストレスになってしまう。自分に負けた、と。

プロとして試合をし、練習し、食事し、休む。26年間ずっとこれを繰り返し、そこで学んできたルールと生活パターンがある。それに漬かっていること、そのものが楽しいんだ。練習漬けの10日間も充実しているし、それに続く数日の休みで解き放たれる自分の姿も気に入っているし。

先日、通い詰めて20年になるスポーツクラブでこんな会話になった。

「カズのモチベーションは何なんだ。練習、嫌にならないの?」

「嫌じゃありません。皆さんも毎日お仕事をされているじゃないですか」

今季はこれだけ出場したい、こんなプレーがしたいな……。毎年毎年、僕は新しい気持ちでいる。過去の延長ではなくて、心はリセットされている。うわべだけ見れば、やることはあまり変わらなくても、中身は毎年まっさらなんだ。シーズン前の練習試合も含め、もう何試合やったか分からない。それでも飽きない。

サッカーを仕事として雇ってもらえる。僕を必要とするクラブがあり、僕もそこでやる意志があり、そこでいいプレーができると信じてやっている。そして楽しい。5つの要件の幸せな一致。もちろん、そうなるように努力を惜しんではならず、常に満足もしちゃいけないね。

（2011・2・11）

ブラジルの黒いカバン

ブラジルのサッカーには「マーラ・プレッタ」という言い回しがあります。何のことだと思います？

直訳すると「黒いカバン」。

あれは20年以上前、僕がキンゼ・デ・ジャウーでパルメイラス戦に臨むときだった。僕らが勝てば、パルメイラスに代わってコリンチャンスが次に勝ち上がれるという状況。そのコリンチャンスの会長がすぐさま僕らのクラブにやってきた、マーラ・プレッタを携えて。

「カネを出す。勝ってくれ」

面白いもので、あちらではこれが買収とも八百長とも見なされない。懸賞金の一種、特別スポンサーがついたといった程度の感覚。新聞も「またマーラ・プレッタが現れた」とよくあることのように報じる。負けてと頼むのは八百長でも、勝ってと頼むのはおとがめなしのようなんだね。

そのパルメイラス戦、我らがキンゼ・デ・ジャウーは「よーし」と気合が入ったのか、4万人であふれるアウェー戦に勝ってしまった。もちろん団体競技のサッカーで、どんな〝ニンジン〟をぶら下げられても、勝利を保証することなどできない。ちなみに特別勝利給も出なかったけれど。

昔の話とはいえ、ブラジルはなにかと露骨で、残留のかかるチームのホームゲームでは自陣のゴールエリアはきれいなのに相手側には水をまいてぐちゃぐちゃにする。リードする側がスタンドへボールを蹴り出すと当分戻ってこない。審判は後半43分で試合を終えちゃう。問い詰めても「オレの時計はもう45分」。当時は審判の買収話も耳にしたし、狙われるのは審判とゴールキーパーという噂もよく聞いた。ゴールキーパーがわざとファンブルすれば得点は入りやすいから。

昨季のＪ１、最終節で京都とＦＣ東京が対戦した。京都が勝てばＦＣ東京と残留を争う神戸には大きな後押しとなるから、ブラジルでなら神戸側がマーラ・プレッタを手に京都へお願いに行っただろう。２部に落ちる経済的損失を防げるなら安いもの、というふうに。

日本でマーラ・プレッタはあり得ないよね。深く関与するチームがお金を差し出すのだから。

一方で、「プロは勝利のためにお金を使うもの」という考え方もある。勝負やプロというものをどうとらえるか。どちらも根底にあるのはそれなのかもしれないね。

（２０１１・２・25）

雪でも泥でも敗北でも

開幕戦に敗れた夜、しばらく寝付けなかった。

お客さんが1万人も見に来てくれたのに、喜ばせられなかった。いい試合をしていれば……。

冷静になるほど悔しさが募る。でも翌日は朝から練習試合。前に進まなきゃと眠りにつく。

目覚めると外は雪だった。「試合は無理じゃ……」とささやくチームメート。

吹雪の中、真っ白いピッチでホイッスルが鳴る。でも、5分もすれば慣れてくる。

「あそこでボールがはねるぞ」

「こうやればドリブルもできるな」

もちろん〝普通〟のサッカーはできない。でも、僕も仲間も立派にサッカーをやっていた。

優れた選手は、与えられた環境のもとで普通に自分のプレーができる。サッカーでは嵐も吹けば大雨も降る。でも、アスファルトの上だろうがぬかるみの上だろうが、うまい人間はどこでもうまいんだ。順応できる力、とでもいうのかな。

先月、キャンプ地で会った育成世代の日本代表コーチはこんな話をしていた。

「人工芝やいいグラウンドに慣れているのか、ピッチが少し荒れるとパスをつなげなくなる子がいてね。あれを本当の技術、といえるのかな」

22歳以下の日本代表が中東へ遠征したときも、デコボコのピッチに立つと日本でできたプレーが全くできなかったという。

泥の中で遊んだ世代は僕らが最後なのかもしれないね。でも、世界には泥沼のピッチでサッカーをするプロがいる。

「ブラジルには硬いピッチも軟らかいピッチもあり、芝生もはげている。そこで子どもはすり減ったスパイクで、おんぼろのボールを蹴る。いろんな状況を経験し、慣れている子は強いよね」

僕がそう話すと、

「カズ、若い日本代表にミーティングでそれを語ってくれよ」

と頼まれてしまった。

一選手ですし、丁重にお断りしました。

欧州で活躍する南米の一流選手は母国への長距離移動と試合を休む間もなく繰り返す。それを見てヒデ（中田英寿氏）は言っていた。

「彼ら、元気なんですよ。何食わぬ顔でそれをやるんです」

同じようにそれをやり続けたヒデも、やはり一流だった。

いい選手はタフ。環境の違いも直面した状況の厳しさもすべて楽しめる。試合に負けても切り替え、次へ挑むのも強さのかたち。そんなタフさが僕は好きだ。

（2011・3・11）

生きるための明るさを

東日本大震災の被災者の方々に、心からお見舞いを申し上げます。

被害に遭われた方々にとって、この2週間が、その一分一秒が、どんなものだったかを思うと、本当におかけする言葉も見つからない。

生きているとはどういうことなのだろう、サッカーをする意味とは何なのだろう。見つめ直さずにはいられなかった日々のなか、思わず頭をよぎったのは「今のオレ、価値がないよな」。

試合がなくなり、見に来る観客がいなければ、僕の存在意義もない。プロにとってお客さんがいかに大切か、改めて学んでもいる。

サッカーをやっている場合じゃないよなと思う。震災の悲惨な現実を前にすると、サッカーが「なくてもいいもの」にみえる。医者に食料、必要なものから優先順位を付けていけば、スポーツは一番に要らなくなりそうだ。

でも、僕はサッカーが娯楽を超えた存在だと信じる。人間が成長する過程で、勉強と同じくらい大事なものが学べる、「あった方がいいもの」だと。

未曾有の悲劇からまだ日は浅く、被災された方々は、余裕ある日々など送っていない。水も食べるものもなく、家が流され、大切な人を失った心の痛みはとても癒やされはしない。

そうした人々にサッカーで力を届けられるとは思えない。むしろ逆だ。身を削って必死に生きる方々、命をかけて仕事にあたるみなさんから、僕らが勇気をもらっているのだから。

サッカー人として何ができるだろう。サッカーを通じて人々を集め、協力の輪を広げ、「何か力になりたい」という祈りを支援金の形で届け、一日も早い復興の手助けをしたい。そこに、3月29日のJリーグ選抜と日本代表との慈善試合の意義があると思う。

言える立場ではないけれども、いま大事なのは、これから生きていくことだ。悲しみに打ちのめされるたびに、乗り越えてきたのが僕たち人間の歴史のはずだ。

とても明るく生きていける状況じゃない。でも、何か明るい材料がなければ生きていけない。

暗さではなく明るさを。２０１１年３月29日、Ｊリーグ選抜の僕らはみなさんに負けぬよう、全力で、必死に、真剣にプレーすることを誓う。


（２０１１・３・25）

震災復興支援チャリティーマッチでの、思いに運ばれたゴール

これまでいろんなゴールを決めてきたけれど、こんなに喜ばれたのは記憶にない。「カズ、ありがとう」「言葉にできない」「ほんと、涙が出るよ」……。

今まで体験したことのない、特別な感覚。こういう１点というものがあるんだなと、しみじみ思う。

後日、「カズ」を知らない小学生がカズダンスをマネしていたと聞き、うれしくなった。僕が想像したよりずっと、慈善試合［２０１１年３月29日に大阪・長居で行われた「震

災復興チャリティーマッチ」」でのゴールは大きくて、重かった。

闘莉王選手（名古屋）がボールに競ると感じたときには体が反応していた。目の前の空間にボールが落ちてくる。道がぱっと開けたようで、体が覚えているままに僕はシュートを放っていた。無意識のうちにボールのバウンドをとらえ、コースを選んでいる。それは「判断」を超えた、迷いの一切ない、いわばフォワードの本能だった。

「今までで一番胸を打ったカズダンス」と知人は言ってくれた。最後に振り上げた人さし指が、震える指から発する思いのようなものが、いつもと少し違っていて、泣けてきたという。

Jリーグの歩み、日本代表の歴史、1998年ワールドカップに行けなかったこと。日本サッカーにまつわる歓喜も哀愁も背負ったまま、僕はサッカーをやっているのだろう。

あの試合に注がれていたのは、見守る人々のそうした「思い入れ」。そして被災されて今なお苦しんでおられる方々の、何かを求め、欲する思い。それらに運ばれたゴールだった。大きな大きなゴールに、みなさんがしてくれたんだ。

祝福とともに「カズ、あんなに足が速かったっけ」とからかわれる。僕やトレーナーは言い返す。

「あのくらい走れるよ。あのタイミングで球が出てくれれば決められる。ちゃんと練習しているんだから」

サッカーに対する態度や考え方が今日までぶれなかったからこそ、あのゴールに至っている。やはりすべてはつながっている。素晴らしいです、サッカーは。

そして僕のサッカーは続く。あのゴールも「一つのゴール」になる。リーグ戦でもまた心に残るゴールを一つでも多く挙げ、みんなで祝杯をあげたいですね。もっと愛されるゴールを目指して。

まあしかし、あれ以上のゴールというのは、なかなか……。

（2011・4・8）

僕たち自身が変わろう

バスの窓越しにがれきの世界が広がっている。

横浜ＦＣは岩手へ遠征し、大槌町など大震災の爪痕が痛々しい地域を訪ねて回った。僕は戦争を知らないけれど、敗戦で焼け野原と化した街もこうだったのだろうかと思わずにはいられない。

あらゆるものがなくなってしまった場所で、なくならずにある「人々の思い」を思う。住み続けてきた土地や家への愛着、親の代からの思い出。身は避難所に置いてはいても、強い思いまでは消えないはず――。そんなことを考えた。

子どもたちと鬼ごっこやボールで一緒に遊ぶ。寝泊まりしている体育館の隅や、自衛隊の装甲車の脇で遊べてはいても、広々としたグラウンドで思う存分に遊ぶのは久しぶりだったんだろう。みんなとても喜んでいた。

被災しているはずの現実を、忘れてしまっているような言葉で喜びを表現していた子。

「うれしい」

「楽しい」

生きていることへの彼らの真っすぐな感情が、僕らの胸を打つ。

盛岡の社会人チームとの試合に、1万3千人もの観客。被害の大きな地域からも、約400人がバスで来てくれた。

親を失った小学生が一瞬でも悲しみを忘れることができたと語ったという。それがたとえ束の間のものだとしても、やれて良かったと思う。

「サッカーを見られて楽しかった」

そういう時間を共有できたことが何よりもうれしい。

寝床もなく、段ボールで仕切られた空間で生活する方々がいる。自分が歯を磨くのを我慢し、その水を子どもに与えようとする親がいる。僕らの「当たり前」の生活は、いかに有り難いものであることか。

現地を知って帰ってきた今、僕自身がこれからどういう風に生きるべきか、見つめ直さねばとの思いが強くなっている。節電なり何なり、「こちら側」でできることをしようとの自覚が生まれる。

あの場から僕らは何かを持ち帰っている。それを自分の息子や友達、横浜や東京の子たちへも伝えていく。震災から離れた場所でも語っていく。それも復興の一歩につながっていくはずなんだ。

僕らは向こうの被災地に「何かをしてあげたい」と考えがちになる。それは大事だ。でも同じくらいに、それ以上に、こちら側の僕たち自身も変わっていかなければと思うんです。


（2011・4・22）

コパ・アメリカに行けたなら

コパ・アメリカ（南米選手権）——。それは僕にとって夢の夢、そのまた夢くらいの憧れの大会だった。

１９８７年アルゼンチン大会、この目でマラドーナのすごさを目撃し、感動したのを覚えている。右サイドを駆け上がり、ラボーナ（軸足の後ろから蹴り足を出して蹴る技）で絶品の左足クロス。やることなすこと、とにかく格好良かった。

南米で戦う南米勢は普段と別物になる。何よりもサッカーが文化として根付き、道ばたにまで満ちているあの空気。試しに現地で「コパ・アメリカを見に来ました」とその辺の人に聞いてみるといい。延々とサッカーのことを話し続けるよ。

だから１９９９年に日本代表が出場できたときはうらやましかった。今回〔２０１１年のアルゼンチン大会〕の招待、海外組の招集が難航し、Ｊ１チームから選べる人数も限られるという噂だったので、これは僕にもチャンスが回ってくるかと思ったんだけど。さすがにＪ２の下位チームで補欠に甘んじているようじゃあ、選んでもらえないね。いくら慈善試合でゴールしても。残念。

ともかく、南米選手権はレベルもすごく高いから、日本には厳しい大会になったはずで、いい流れの代表にどのくらい力があるのかを見定められる場所だった。選手のサッカー観を変えてしまう舞台。２０１４年ワールドカップがブラジルという点で、強化としても最適だっただろう。

ただし今回はカレンダーとの兼ね合いや大震災の影響など、すべてが悪い方向に出てしまった。辞退もやむを得ないのだろうね。

将来を見据えて若手で代表を組む手もあるけど、すると代表のハードルが低くなる気もする。「代表」が一気に増えるわけだから。代表ではないけれど、代表に選ばれてもおかしくないJ1の選手なら「俺たちがいるじゃないか」と思うはずだ。僕もそう思うもの。

「出せない」と言うのはクラブの論理、選手は「行きたい」んだ。喜んで行きますよ、僕だって。アルゼンチンでマラドーナに会いたいです。

彼は中東のクラブで監督になるらしい。僕を呼んでくれないかな。その場面でそんなことをやるか、という点でマラドーナは「変態」だと思うんだ。変態である僕をうまく扱えるのは変態しかいない……。これが僕の持論ですから。

(2011・5・20)

それは本当に「苦しみ」なのか

何をやってもうまくいかないときがある。横浜FCは8戦してまだ1勝。誰が出ても勝てない、形が見えない、点が取れない。これ以上なく苦しい状況。チーム状態が悪いとプレーしていてもきつくて、疲れる。機能しているチームなら同じことをしても楽なのにね。

まとまろう、とはよくいわれる。でも一人ひとりがプロであるはずの集団をまとめる数々の儀式は、表向きのまとまりで終わることが多い。

仮に僕がみんなをカラオケに連れて行くとしよう。その場では「すごくチームワークが高まった」と感じるほどにまとまるだろうね。でも、それで勝てるなら苦労はしないよね。

こんなときでも何かを信じて、やるしかない。個々人がクオリティーを上げるしかない。

例えば「(ディフェンスの) 裏を取る」プレー。これは裏へ抜けられる足の速さや走力があれば、すなわち裏を取れるというものでもない。パスを巡らせ、相手をいなし、食いつかせるテンポをつくれているからこそ裏も取れる、と僕は思う。

裏を狙うのか、回すべきか。あるいは自らドリブルで抜くのか。それは「誰か」が決めるのではなく、選手が自分で決めるべきことだ。なぜならボールを持つのは監督ではなく自分だからだ。

オシム元日本代表監督も言っていた。

「選手から判断の自由は奪うべきではない」

変えていくべきは一人ひとりの質なんだ。

これは僕自身もやらなくてはいけないことで、僕は僕を高めるしかない。自分がどうあるべきかをまず考え、自分が試合に出て活躍するために、高め得るフィジカルを高め、調子を上げるために走り込む。シュート練習ならば、試合で通用するシュートが打てるように、シュートと向き合う。いつもと変わらずに。

やるべきことをやるためにきついこともやり、もがく。そこには必然的に苦しみが伴う。でもこの苦しみは苦痛とはまた違う。きついけれど楽しい――。僕の大好きなフレーズだ。

こう考えると、選手が抱える「苦しみ」は、苦しみというほど大げさなものでもないね。それで何かを妥協せねばならないものでもない。プレーしている間の苦労なんて苦しみの一つですらないよ。

僕らは逆に喜ぶべきなんだ。サッカーで苦しめるということを。

（２０１１・６・３）

刺激は疲れを超えるもの

朴智星《パクチソン》選手（マンチェスター・ユナイテッド）が呼びかけた２０１１年6月15日のベトナムでの慈善試合に参加するまでには、いろいろ考えた。智星の厚意、大会の趣旨に協力できるのが喜ばしい。でも一番大きい理由は「刺激」なんだ。世界のトップ中のトップ、欧州チャンピオンズリーグ決勝に出場した智星に加え、韓国や日本からも欧州で活躍している選手が集う。そんな人たちと一緒にプレーしてみたい、と刺激を求める心だね。

5時間半の移動をへて試合をすれば、どこかで体はひずむ。リーグ戦の次戦に先発できなくなるリスクもある。しかしそこは精神力で乗り越えたいし、ケガをするなら所詮、そこまでの選手。この挑戦から得る刺激が、僕の「次」に生かせるはずと経験がささやいている。だから僕はベトナムへ行ったんだ。

世界へ飛び出し、生き抜く人間がまとう空気というものがある。それに触れ、生の声を聞くのは貴重なことだ。東日本大震災の慈善試合。長友佑都選手（インテル・ミラノ）にせよ長谷部誠選手（ウォルフスブルク）にせよ、彼らの力をあのとき、僕はもらっている。若々しく、生き生きと躍動する生命力。そして彼らも「カズさんから何かをもらった」と言ってくれる。

刺激は疲労を上回る。いつもそうだった。ヴェルディ川崎時代の1996年、世界選抜対ブラジル代表の試合に招かれた。レオン監督は「行って刺激を受けてこい」と送りだしてくれた。「で、すぐ帰ってこい」と付け加えて。ニューヨークで一戦交えた僕は、とんぼ返りでキャンプ地の鹿児島・指宿へ。でも胸に残ったのは疲労より、マテウス（ドイツ）らの放つすごみだ。

クロアチアのザグレブ在籍時、パパン（フランス）の引退試合に招かれると、現役のマルディーニ（イタリア）らもリーグ戦のさなかにマルセイユへ駆けつけた。チャーター機を用意したのはかつて在籍したACミラン。クラブに貢献したパパンという人物へのリスペクトがそこにはある。マルディーニは全力プレーでパパンへの敬意を示していた。疲れを超えるものを感じながら。

智星は「カズさんとサッカーするのも最後でしょうから」と言ったみたい。

反論しておきました。

「最後、ってどっち？」

僕ならまだまだ大丈夫ですから。

（2011・6・17）

名門サントスの遊び心

先日、京都戦でドゥトラ選手（元横浜F・マリノス）の父親に呼び止められた。ブラジルの名門、サントスの熱狂的ファン「サンチスタ」だという。

「君をサントス時代から見ていたよ。今日またここでカズを見られたことが誇らしい」

僕は喜びを分かち合った。

「48年ぶりリベルタドーレス杯優勝、おめでとう」

サントスはプロとして第一歩を踏み出した地。もちろん僕もサンチスタで、あの白と黒の縦じまに深い思い入れがある。神戸にいたときも「サントスと同じ縦じまを着られる」ことがすごくうれしかったものね。

週明けはビーチを全員で走ったものだった。ビキニ姿が目に入るや、コーチから「Uターン」の号令。美人たちのそばで準備運動が始まる。6キロ競走では僕が20分弱で走り終えるのに、1982年ワールドカップ代表の英雄、セルジーニョは40分たってもゴールしない。ファンと笑って歩いている。何しろ型にはまらない大物で、バスタブにつかって取材に応じたほどだから。

監督は、ペレと戦友だったペペ。同じ左ウイングの僕はセンタリングがうまくいかず、教えを請うたことがある。

「ペレは1300点近く取ったが、500点は俺がアシストした。当時の俺みたいにやれ」

そう言われても分からないよ。

ドゥンガ（前ブラジル代表監督）は体慣らしのボール回しでも一切手加減しない。遠征で同部屋になり、眠る前に教えてくれた。

「プロにはプレッシャーがある。それを乗り越えないと一流にはなれない。うまいやつは大勢いるが、乗り越えられないやつも大勢いる。一日一日が勝負なんだ」

今もサントスのサッカーが面白いのは「予測」がつかないから。「え、そこでそんなことするの」という遊び心に満ちている。ドリブルや一対一を愛し、楽しむ感覚が生きているんだ。

本拠地ヴィラ・ベルミーロのロッカールームの「10」にはペレの名が今なお刻まれている。用具係が毎日、そこに真新しい練習着をそろえ、ペレ専用スパイクもピカピカに磨いておく。

練習場はブラジル代表ロビーニョが欧州に移籍してもたらしたお金で建てられたけど、その名はペレ練習場。

何といっても「キング・ペレ」ですから。その前では「キング・カズ」など海賊版みたいなもんです。

（2011・7・1）

技術と経験で戦う40代

テニスのウィンブルドン選手権で2回戦に進んだクルム伊達公子さんの活躍を聞いた。テレビ観戦はできなかったけれど、パワーテニス全盛の時代に強打のビーナス・ウィリアムズ選手をあと一歩まで追い詰めたことに敬意を表したい。

サッカー界も一昔前と何が変わったかというと、速さや筋力などフィジカル面だ。4―4―2や4―3―3といったシステムが新しいと言う人もいるけれど、それよりずっと変化しているのは選手個人の肉体。陸上の100メートルで世界記録がどんどん塗り替えられているように、サッカー選手の身体能力も数十年前とは全然違って、それがサッカーそのものを変えている。

とはいえ、その中でも大事なのは技術だ。いくら体力があっても技術がなければ十分には生かせない。

パワーで勝るウィンブルドン元王者に対してクルム伊達さんが互角に渡り合えたのも、確かな技術と経験があったからだろう。個人競技と団体競技の違いはあるけれど、僕もボールを止める、蹴るというしっかりした技術の土台がなければここまでやってこられなかった。

思うに、クルム伊達さんは1回戦で終わりという気持ちで大会に臨んでいるんじゃないかな。もちろん負けるという意味ではなく、目の前の試合に勝つために全力を尽くして、次のことは次に考えるという意味で。

相手がアマチュアだろうがトップ選手だろうが関係なく、自分が100パーセントを出せるかどうか。常にそんな意識でいるから大会でも力を出し尽くせて、いい勝負ができるんだろう。

僕も3月の慈善試合で、「カズ、44歳で出て大丈夫？」と言われたけれど、全く気にならなかった。公式戦も紅白戦も常に全力だから、たとえ相手が日本代表でも、いつもと同じようにやればいいというメンタリティーが身についている。

最近よく年上の人から言われるのは、

「その年でそんなに動けるなんて、40歳の頃の私とは全然違うね」

そりゃ違いますよ、僕は6歳の頃から練習し続けているわけですから。

40歳でトップアスリートのクルム伊達さんを見てもわかるように年齢は関係なく、50歳でも90分間プレーできるならやっていい。無理だと周りが思うのは、そんな人が今までいなかった、というだけなんだから。


（2011・7・15）

批判されてこそ文化

女子日本代表のワールドカップ初優勝という快挙のおかげで、直後の国内リーグの試合には1万8千人近い観客が集まったらしい。今までの数百人から一気に増えたのはテレビや新聞の報道が増えた影響だろう。

今のブームが女子サッカー人気拡大の突破口になればいいと思う一方で、怖さもある。ワイドショー的な取り上げられ方が多いから、試合を一回見たら「もういいや」となってしまうかもしれない。

継続的にスタジアムに来てもらうために、観客層が確立できるといいんだけれど。例えば、自分もいつか代表に入りたいという女子が集まるとかね。

スピード感や激しさを比べたら、どうしても男子より物足りない部分はある。だからつまらないというわけじゃなくて、男女は別物として捉えた方がいい。

Jリーグも欧州チャンピオンズリーグよりレベルが低いとかいわれるけれど、チャンピオンズリーグと比べたら他のどんなリーグも駄目に見えてしまう。サッカーにはその国の文化が出るもので、比べても仕方がない。それぞれを楽しむべきなんだ。

女子サッカーがブームで終わらないためには、代表の社会的な位置付けも大切だ。国際試合で常に勝てるわけじゃないから、結果が出せないときも来る。そのとき監督や選手は世間から批判を受けるだろうか。

男子の代表は負けが込むと、ひどいたたかれ方をする。歴代の監督もやってきたことをすべて否定されるような時期があったし、選手も大きな重圧を受ける。良ければ褒められて、悪ければぼろくそにたたかれる。そんな経験を乗り越えて、代表のステータスが出来上がってきたんだ。

女子の場合、今はまだ祭りの後の余韻に浸っている感じで、周りも100パーセント味方の状態。そうじゃない声が出てきたときが本物なんだ。スポーツ紙の1面で「その戦術じゃ駄目だ、監督を代えろ」とか「あの選手は使えない」と批判されたり、普段の会話の中で議論が沸き上がったり。

たたくということは関心があるわけで、そこまで世間の興味の対象になっているということ。遠慮なしに批判されるようになったときに初めて、女子サッカーが文化として根付いたと言えるんじゃないかな。


（2011・7・29）

マツが残した「ぎらつき」

2000年6月、モロッコにてフランス戦に挑む日本代表のミーティングを思い出す。ポジションが同じブラン（現フランス代表監督）と松田直樹選手を引き合いに、トルシエ監督は僕らの尻をたたいたものだ。

「ブランとマツ、何が違う？　何も違わない。経験は差があるだろう、でも能力ならマツは変わらないぞ」

唐突にこの世を去ってしまった〔2011年8月4日没〕マツは、日本のディフェンダー像というものを変えた一人だった。フォワードを正面からガツガツつぶすディフェンダーなら昔から大勢いる。マツは激しさもあれば柔らかさもあり、フィードもできた。

「いいフォワード？　たいしたことねえよ」と思える余裕があるから、外国人フォワードとも駆け引きができる。対戦相手を小ばかにできる、というかね。

あのフランス戦、控えの僕が入念にアップをする隣で、同じく控えのアンリはろくに体も動かしやしない。それが途中出場するなり日本ディフェンス陣をごぼう抜き。

「レベルが違う……」

あのマツが小ばかにせずに嘆くものだから、相当すごかったんだなと妙に説得力があって、おかしかった。

元代表選手が地域リーグへ渡り、新しい街のサッカー熱とともに再びJリーグの舞台へ戻ってくる。先人たちがいい道筋をつくり、マツも大きな役割を果たしていた。やりたい意欲を絶やさなければ僕らはやり続けられる。そんな生き方の道をマツは残してくれた。

若い頃のマツは外国人選手だろうが誰だろうが小ばかにできて、僕も「たいしたことねえよ」とみなされた一人だった。敬意を払われるようになったのは彼が年を取ってからかな。

若いときはみんなそう。マツほど強気にはなれませんでしたけど、似たような心情なら、僕もあったものね。

でも、人は、年を重ねていくとだんだん分かってくる。ベテランになればこんなふうに周囲へ気を配れるようになるんだな、みんながいるから僕もプレーができるんだな……。

それでもプロというものは、丸くなるだけじゃいけないんだ。試合に出られなければ「くそ野郎」といきり立つくらい、ギラギラしていなければ。

マツにはそれがあった。松本山雅からJリーグをにらむ顔が「俺はここからはい上がる」と語っていた。あのぎらつきがある限り、道も続いていたはずだった。

（2011・8・12）

絶えることなき栄光

東日本大震災の慈善試合として、ACミラン（イタリア）の往年の名選手が来日してJリーグOBと2011年8月31日に仙台で戦うことになり、僕も特別ゲストとして招かれることになった。

ジェノアの選手として1994～1995年シーズンに戦って以来の「ミラン戦」だ。もう今回は鼻と目をケガなどしないよう、バレージさんにも言っておきます。またとない機会だし、得点だけは取らせてもらいますよ。

日本では現役を終えればその選手も「終わってしまう」ことが多いけど、イタリアではクラブの歴史に貢献した選手が引退後も影響力を持ち続ける。ミランの今があるのは彼らのおかげ、と敬意を払われながら。

セリエAを離れて月日も流れた2001年、旅行でジェノアを再訪したとき。ジェノアからナポリへ飛行機で飛び、預けた荷物を受け取ると「グラッツェ」と貼り紙が。

やられた、泥棒だ……、と思ってよく見ると、

「グラッツェ。ダービーでのゴールをありがとう」

１９９４年12月に宿敵サンプドリアから奪った僕の得点を忘れずにたたえてくれる。やり方がしゃれてるよね。

４年ほど前にジェノア戦を現地で観戦したら、ハーフタイムにマイクを向けられた。生中継でスタジオから話しかける解説者はかつてのチームメイト。

「先週、ちょうどジェノアダービーで、ダービーでジェノアが勝ったのはおまえがいた１９９５年以来でさ。おまえの映像も流れて、みんなで『懐かしいな』と楽しんでいたんだ」

イタリアに1年しかいなかった僕がこうだから、ミランの黄金期を支えた選手となれば語り継がれるワンプレーがいくつあるか分からない。みんなが栄光をもたらした存在をたたえ、味わい、楽しんでいる。

あのジェノア時代の体に現在の僕の心があれば、どんなプレーができただろうと想像したりもする。でも、僕はまだ成熟していないからこそ続けていられるんだ。30代後半

のときすら頭のなかは粗削り、本能のまま。ピッチでこう動くとチーム全体のパズルがこうかみ合うのかと、最近になって次々と発見することばかりで。

僕が学びつつあること、つまりサッカーを20代で理解してしまう選手もいる。でも未完成な僕には広がる余地もある。だからまだまだ先があると思うんだ。

（2011・8・26）

「最強チーム」に初勝利

ディフェンスラインにバレージとコスタクルタがいて、フォワードにはパパンとマッサーロ……。

2011年8月31日の東日本大震災の慈善試合で来日したACミランのOBチームは、1993年のトヨタカップで来日したときの主力がずらりとそろっていた。JリーグOBチームに特別枠で加わった僕も、何だかトヨタカップに出ているような感じがして楽しかった。

今はイタリアといえば長友佑都選手のいるインテル・ミラノの印象が強いかもしれないけれど、僕の中では今もミランが王者のイメージだ。ジェノア在籍時にリーグ戦のホームで対戦したとき、終了間際に追いつかれて勝ちを逃したことがあった。それでも監督が「ミランだから仕方ない。ヤツらは世界一だからな」と認めていたくらいだしね。

51歳のバレージを筆頭にみんな年をとってスピードや体力は落ちたけれど、技術や賢さは全然変わっていない。マッサーロもパスの受け方は当時と同じで、もし体が若くて絞れていたらボールに足が届いたんだろうな、という動き出しを見せていた。

当時最先端だったミランのゾーンプレスから受けた衝撃を、観客も覚えていたんだろう。バレージがラインをきれいにそろえながら下がっていく姿を見ただけで沸いていた。

向こうの方が組織力もあって大人のサッカーだったけれど、結果は2―1でJリーグOBの勝利。水沼貴史さんは「ミランに勝つことなんてそうそうないぞ」と言っていた。確かに僕はジェノア時代を含めて5、6度対戦経験があるけれど、今回が〝初勝利〟だ。

決勝点は試合終了間際に僕が左サイドで「エラシコ」（足の外側で出してすぐ内側へ切

り返すフェイント）を決めて、狭いスペースを縦に抜けて上げたクロスをキーちゃん（北沢豪）が決めたもの。イタリアにいた17年前にも、あんな場面でエラシコをやる勇気があったらなあ。それだけ僕も経験を積んで余裕ができたんだね。

今回、日本の支援のために来てくれたミランOBは世界のサッカー大使みたいなもの。彼らが世界で貢献しているように、僕らもアジアで同じ役割を担えたら素晴らしい。韓国で洪明甫《ホンミョンボ》ら韓国代表OBと対戦すれば喜んでもらえるはず。僕は現役なんで、そのときはまた特別枠で参加させてもらいます。

（2011・9・9）

質の大切さを学ぶ

失礼な話なんですけど、僕はミーティングで監督の話をほとんど聞いていない人でした。柏のネルシーニョ監督について「ヴェルディ川崎の監督のころは何を語っていたの」とよく聞かれるんだけど、何も答えられないくらい、記憶になくて。でも同僚だった人たちは「カズは（指示通り）ちゃんと守備でも走ってたよ」と言う。考えるより体で覚えていたんだろうね。

「最初からトップスピードに乗るな。ゆっくりからビュッと出た方が相手は引っかかるぞ」

昔、みんなが言っていた「緩急」の意味、いまようやく分かってきました。9月19日のJ1大宮との練習試合、僕は緩急でディフェンダーを抜いていた。それは昔の自分にはなかったドリブル。

サイドのミッドフィールダーには相手をじらすような「タメ」が重要なのも分かってきた。相手にわざと近寄らせ、球を出し、プレスをかいくぐる。僕がタメをつくることでチームにリズムも生まれる。いぶし銀の「間の取り方」、つかめてきたね。

その練習試合は4—3で勝利、でも前日は東京ヴェルディに2—7と大敗。どの日からも学ぶことがある。

大宮戦はガチャガチャと格闘技みたいなサッカーにならず、相手に簡単に球を渡さないサッカーができた。では7失点の9月18日は何が違ったのか。技術を生かせなかったんだ。苦しい状況だと技術を出せず、前へ上へ蹴ってしまう。横浜FCの「質」の現状かもしれない。

ボール欲しさに動きすぎるとボールに触れず、動かないでいるとパスをよく受けられるのは多々あること。球を持たないときの動き一つにも質が問われるんだ。でも、日本人は「量」に走りがちになる。量を稼いで安心し、「千本もダッシュをした」と数字に支えられれば満足するような。

若いときは量をこなしたことが自信になり、時間と量を費やしただけ得るものがある。でも10代や20代のころとは違う自分になり、根性や体力一辺倒で通せなくなったとき、人は考える。質の大切さに気づく。量を増やすことは目に見えるからやりやすさがあるけれど、質を高めるのは単純でなく難しい。

こんなふうに発見の毎日ですが、知らないものを残しておくのも成長するには大事かなと。サッカーをあまり知りすぎないよう、考えすぎず、考えていきます。

(2011・9・23)

「キリカエ」も世界語に？

ブラジルに渡ったばかりのころ、寮で夕方になると「ハンゴ！」と声がかかった。晩飯を意味する俗語。ゴハンとつながりがあるのかなと妙だったけど、関連がないのは後で分かった。

選手が腹を立てると下品な言葉を吐く文化だから、汚い言葉がまず身についてしまった。3カ月もすればポルトガル語でコミュニケーションを取れていた。15歳だったから覚えも早い。意味不明な単語に出合っても「それ、どういう意味？」と尋ねていけば、言葉は一つ分かると連なるようにどんどんのみ込める。ある国に慣れるにはその国を受け入れ、実質的に「入って」いかないとだめなんだ。

言葉はその国のサッカーを反映する。自分の背後から敵が迫ってきたとき、ブラジルでは味方から「ラドゥロン！」と声が飛ぶ。同じ場面で「泥棒だぞ！」とは日本では言わないよね。

「くさびのパス」

「マークをスライドして」

日本で飛び交う用語だけど、ブラジルではスライドに該当するポルトガル語はあってもサッカーにはあまり使わないし、「くさび」という単語も見あたらない。「早く攻めろ」「すぐ戻れ」と話すことはあっても、「切り替え」はない。

切り替えになじみが薄いブラジル人に「ミスしたらすぐ守備に戻る、ボールを取ったらすぐ攻める」と毎回説明するのも長くなるので、横浜FCでは切り替えはそのまま「キリカエ」で通してしまっている。「もっと切り替えを早く」と要求するときはこう。

「マイス（もっと）ハピド（早く）、キリカエ！」

いまや切り替えができねば生きていけないほどだけど、これは日本のサッカーがそれだけ慌ただしいことの裏返し、と思ってもみる。慌てすぎて相手にマイボールを渡すから、何回も「切り替える」。

ボールを失わずにキープできるブラジル人のサッカーからは「切り替え」の用語も生

まれにくい。

「日本の選手はもう少し落ちついた方が」

「日本は『キリカエ』しか言わないじゃないか」

と、こぼすブラジル人もいるよ。

ボランチ（かじ・ハンドル）が日本に根付いたように、キリカエも世界へ広まるかな。

日本人監督が欧州で指揮を執り、キリカエを連呼、戦術論におけるメジャー用語になる……。

ならないだろうね、まだ。

（2011・10・7）

「こんなはずは」のワナ

今季のJ2は栃木や徳島が頑張って昇格を争い、経費の規模なら最下位かもしれない北九州も上位にいる。資金をふんだんに使った横浜ＦＣは今〔２０１１年10月21日時点〕、17位だ。

予想に反し低迷するチームからはこんな言葉をよく聞く。

「こんな順位にいるべきチームじゃない。僕らはこんな実力じゃない」

違う。それが実力なんだ。

Ｊ１だと浦和がそうなのかもしれない。日本代表がいる、外国人フォワードもいる、過去の実績もある。「こんなはずは」、その発想が落とし穴になる。順位表は正直だ。16位の現状が組織の力であって、今から急浮上は難しいだろう。同じことが横浜ＦＣにもいえる。

昨年の今ごろ、Ｊ１にいたＦＣ東京の試合を目にした僕は正直、「このチームは降格する」と思った。あのときに対戦したなら横浜ＦＣが勝ったと思うよ。結局、駄目になっていくときはどこかが生ぬるくなっていくんだろう。

名前を知られた選手がいる、サポーターも多い、たとえ負けても「君たちはもっとできる」と甘やかされる。ＦＣ東京に属していた人たちは、その環境に慣れ、甘えたと思う。

「今のこれが実力」と目の前の現実をみつめ、その実力を少しでも上げるにはどうすべきかに目を向けた方がいい。

横浜FCで言えば一試合一試合力をつけ、内容を少しでも良くすることだ。「残り試合を全勝」と声をかけるよりも。

一つ、クラブとしてしっかりしたものをつくる。自分たちがどんなサッカーをやるのかという方向性をクラブとして示し、やり続ける。

序盤戦ならともかく、30試合以上終えた今、僕らは組織として弱かったと結論せざるを得ない。ピッチ上の選手に加え、クラブに身を置く人間全員が勝利へ一つにならないとプロの世界では勝ち続けられない。

横浜FCは天皇杯で日本フットボールリーグの松本山雅に負けた。リーグ戦で最下位の岐阜にも負けた。先日なんて横浜FCユースにも負けた。そりゃあ名門サントスだってジュニアに負けることはある。でも、ちゃんとやらないと、さらに惨めな状況へ落ちる。

試合で1点入れられてから、組織が危機に陥ってから、目を覚ますのでは遅いんだ。

サッカーは怖いもので、勘違いしていちゃ危ないんだよ。


（2011・10・21）

「アウェー」と「やじ」

アウェーの北朝鮮戦の体験談を日本代表の先輩から聞いたことがある。

1985年。戦い終えて中国経由で帰国の途につく。見送る人々が妙ににこやかなのを気にしつつ、飛び立った。

中国の大地が見えてくる。空は快晴。そこでアナウンスが響いた。

「天候が悪いため平壌に戻ります」

舞い戻った空港には先ほどの人々が立ち位置も変えず、待っていたように手を振っている。

「外貨目当てなのかな」と思いながら平壌にもう1泊したらしい。

これが敵地の洗礼かはさておき、アウェーとホームの区別はサッカーの文化そのものとして存在する。

ヒデ（中田英寿氏）がイタリアで最も日本と違うと感じたのもそこだそうで、ホームで攻撃的なチームが「何でそんなに変わるんだ」というくらい、敵地に赴くと守備的になる。

外国人選手がJリーグに来て一番不思議に感じることって何だと思う？　サッカーの内容うんぬんに関係なく、何かしら応援がずっと続くこと。ブラジルではアウェー側がボールを持つとシーンと静まる。そこでホームと違う感覚に陥る。日本ではそこまでホームとアウェーを実感しない。

人間はメンタルな生き物だから、敵視されればときに影響されもする。でも今の僕は周囲の状況でプレーが乗る・乗らないはあっても、「落ちる」はないよ。それも経験なんだろう。

11試合勝利のない横浜FCの選手がサポーターにけなされ、食ってかかる一幕があった。

「名指しでバカにされたのに黙るのはおかしい」

一理ある。ただね、僕はサッカーに関することなら何を言われても腹は立たない。仕方がないと。

試合中になじられたとしても、仮に最後の最後、1―0でもいいから勝てば誰もそんなこと言わなくなるわけでしょう？　見ている人はそういうもの。

「こっちも懸命なんだ」と言い返す選手もいる。でも一生懸命やったかどうかも、僕らが決めることじゃないんだ。外から見る人たちが決めることなんだから。

ブラジルで最初は「ジャポネーゼ」とバカにされた僕が、やがて「カズ、ばか野郎」とやじられたときは感慨深かった。日本人というくくりを超え、個人として認められたんだなあと。「国境を越えるブーイング」はいいもんだね。

（2011・11・4）

2位では駄目なんだ

イタリアやクロアチアで必ず耳にする話題は「会長はサッカーを分かっていない。素人なのに口を出して」だった。あたかも世界共通の愚痴みたいにね。

クラブのオーナーになる人というのは、もれなく、ある業界で成功した人だ。そして何かを築き上げた人というのは「1番になる」のが好きなんだね。1番でなきゃ嫌、というタイプ。

渡辺恒雄・読売巨人軍会長もそんな一人だろう。

昔、「早く孫の顔が見たいよ」と笑いつつ、言った。

「でも息子は俺の血を受け継ぎ、俺が育てた。その家族になる嫁を決める権利は俺にもある。会って、良くなければ結婚させないよ」

渡辺さんの根本的な考え方はそんなところにあるかなあ、と僕は理解している。

自分のチームが負けるのは我慢ならない、だから口も出す――。悪い面もいい面もあるだろうね。

ただ今回の球団代表と会長の騒動は、ちょうどソフトバンク―中日の日本シリーズと重なってしまった。一年で一番大事な試合をやっているとき、別の話題でにぎわうのは野球界にとって良くないと思う。

忘れてならないのは、ファンの目線で見なければならないこともたくさんあるということ。娯楽産業としてのスポーツ界は会場にお客さんが来てくれてこそ成り立つのだから。

強者になるチームが必ずたどる道がある。できたてのクラブは、まずは決勝の舞台に立ちたいと願う。そこで敗れ、カップを掲げる優勝者を眺め、お膳立てしかしなかったような寂しさを味わうとき、初めて「2位では駄目なんだ」と気づく。積み重ねたことに意味のないものはないとしても、勝負の世界は優勝しなければ意味がないと悟る。

「1番になる」というモチベーションがクラブを強くする面は、それが選手のものであれオーナーのものであれ、現実にあるからね。

ヴェルディ川崎で優勝した年、渡辺さんは「ボーナスで1億円出す。分けろ」と言ってくれた。それで練習場が1面できた。「10億円かけて2位なら、翌年は20億円つぎ込め」渡辺さんならそう言う。
「何でもカネで……」と批判されるけど、それはそれで、プレーする側としては夢があった。頑張って勝てば勝つほど、強く、良くなる。あの強いヴェルディは見る側にも夢を与えていたんじゃないかな。

（2011・11・18）

消化試合なんてない

柏に名古屋、ガンバ大阪と、J1は最終節まで3チームに優勝の可能性が残った。名古屋には昨季の優勝、ガンバ大阪には2005年に最後の最後で頂上の座についた経験がある。ガンバ大阪は過去にこうした状況をものにしたことも、落としたこともあるはず。そんな10年を支えた遠藤保仁選手なり二川孝広選手なりが、チームに安心感やアイデアを与えるだろう。

経験とあふれる発想に引き寄せられ、みんなが一体化し、勇気をもらう。そんな力を発する存在として名古屋にも闘莉王選手らがいる。柏は選手に優勝経験が乏しいけど、ネルシーニョ監督は優勝を知る人だ。

一方、最終戦の相手は「目の前でやすやすと優勝させるか」とハングリーさを力に変えてくる。2007年、横浜FCが浦和の優勝を阻止したようなことが起こりうる。あんな気持ちいいことないからね。最後の最後まで分からないよ。

月並みだけど、普通でない試合で「普通のプレー」ができるかどうかだね。試合に至る日々には「流れ」というものがある。結果を出してきた流れ、勝とうが負けようが、変わらずやってきたことの集積としての流れ。それを続けること。明日は特別だから今日は早く寝る、ではなくてね。3チームとも今まで通りの過ごし方をした結果として、今の場にいるわけだから。

平常心でいつも通り、全力で。シンプルな臨み方を僕はお薦めします。1990年ワールドカップ優勝メンバー、元ドイツ代表のリトバルスキーからも聞いた。決勝でベッケンバウアー監督はどんな声をかけたのか。

「ピッチに行って、楽しんでこい」

至ってシンプルだったって。

サッカーは「1―0のスポーツ」なんだと思う。得点はなかなか入らない。地道にボールをつなぎ、細かく守備をやり、1点入るのが最後の数分、それでOK。これをまどろっこしい、割に合わないと感じる人もいる。それでも「コツコツ続けた先に一ついいことがある」という発想なんだ。

勝ち点1、いやワンプレーの差。すべてが終わり、あのとき1得点でも、と「たらればを浮かべてもひっくり返らない。それが勝負の厳しさ。

この世界には消化試合も、おざなりにできるワンプレーもない。そう感じなければプロをやめるべきなんだ。

（2011・12・2）

「すみません」の前に

２０１１年シーズン、横浜ＦＣはＪ２の18位に終わった。これが現実、力不足。

「こんな成績ですみません」

こう言いがちになるけど、僕はそういう言葉は言いたくないし、これまで使わないようにしてきた。

ふがいない成績をたたかれ、罵声を浴びても仕方ない。ただ、プロが「ごめんなさい」と発言すべきなのは、自分が怠け、努力をせず、いいかげんに日々を送ってきたときのはずだ。

目の届く限り横浜ＦＣのメンバーはみんなまじめにやっていた。誠実に何とかしようとしていた。それでこの結果なのは力がないとしか言いようがない。

結果を認める、責任も負う。でも謝るのは少し違う。

謝るべきことのないよう、常に自分のできることはすべて毎年してきたつもり。だから僕のサッカー人生に「すみません」の文字はない。

では謝るより何をするのか。「さらに自分を高めていくしかない」と、いつもそこへ行き着く。

結果が出ないと必ず聞かれるのは「次はどう変えるのですか」。僕のスタンスは「オフでも自主トレでも、やるべきことを、いつも通りやる」。

もちろんこの一年で「あの試合でこれしかできなかった、あれはできた」と感じた部分があるから、やることの細部は変わる。でもそこへ向かう姿勢に変化はない。何十年も続けてきたことを、同じ信念でやる。どこも何も変わらない。

気持ちの限界は見えないし、思うに、「本当の限界」なんて見られないんじゃないかな。そこにたどり着けた人は幸せかなとも思う。それこそ自分の求めてきたものじゃないのかなと。

僕らが求めるのは「奇麗な辞め方」なんかじゃない。選手として一番いい時期ならとっくに過ぎているわけだから。でも自分はサッカーで勝負している自分が好きで。白黒をはっきりつけるこの仕事が好きで。ここで得る充実感、つまりサッカーが好きでやっていて。

「いつまでやるの」

「ボロボロになるまで」

じゃあ肉体も精神もボロボロになるまでやって、その後生きていけんのかなとも思うけど、でもそれで楽しいんだよね。

個人的には30試合で計1192分プレーできた。188分の昨季とは中身が違う。

一年、みなさんお疲れさまでした。限界も見えないし、また頑張りますよ。

（2011・12・16）

Ⅱ 新たなる冒険と挑戦——2012年

【2012年】　＊太字は著者自身の動向

3月4日　J2開幕。**横浜FCは初戦の水戸戦に1－2で敗れ、黒星スタート。**

3月17日　**千葉戦に0－3で敗れた横浜FCは最下位に転落。**翌18日に岸野靖之監督が解任された。

3月21日　横浜FC監督に山口素弘就任。

5月23日　**前年に続き、朴智星選手主催の慈善試合（バンコク）に出場。**

5月27日　**鳥取戦でゴールを決め、自身がもつJリーグ最年長ゴール記録を45歳3カ月1日に更新。**

6月9日　**第18節の徳島戦に勝ち、横浜FCクラブ史上初の6連勝を達成。**

7月27日～8月12日　ロンドン五輪開催。サッカーは、女子が銀メダル獲得、男子はベスト4入り。

11月1～11日　**フットサル日本代表としてフットサルワールドカップ（タイ）に出場。**

11月11日　**横浜FCはJ2で4位に。3位～6位のチームで争われるプレーオフに出場するも、準決勝で千葉に敗戦。J1昇格ならず。**

挑戦が自分を高める

前季（2011年）が終わってから今季に至る僕は、周りからすると例年以上に活動的に見えたかもしれない。ブラジルに渡りイタリアへ飛び、例年通りグアムで自主トレに臨みつつフットサルの公式戦に参戦、サッカー関連のイベントにもたくさん顔を出した。いい緊張感のある滑り出しじゃないかな。

こうした行動をストレスと感じ、疲労となっていく人もいる。僕は刺激に変えていくタイプ。挑戦や冒険が、ある種の生きている証に変わるというか。リスクのある選択肢とそうでない選択肢が目の前にあれば、リスクを負ってでもやってみたいたちだと思うね。

1999年、僕はスイスとクロアチアのチームのどちらかを移籍先に選べる立場にあった。現地に足を運んでみた。

国の安定度や生活水準の高さならスイス。クロアチアは分離独立から10年とたたず、まだ混沌に満ちていた。弾丸の痕に至る所で出くわす。折しも国のすぐそばでコソボ紛争の戦火があがってもいた。

でも僕はなぜだかクロアチアを選んでしまう。社会の裏側とまでは言わないけど、一見いかがわしそうなものの裏にある人々の生身の熱気、面白さにどうしてもひかれてしまうんだね。

洋服好きの僕をザグレブのチームメイトは裏通りの闇市に連れて行く。薄暗い部屋に並ぶブランド品が、いかがわしくも輝いていた。

知人のクロアチア人運転手は、「イタリアはマフィアの国」と信じ込み、ミラノの五つ星ホテルに部屋を用意したのに「車が盗まれる」と、寝る時刻になっても駐車場を離れなかった。

氷点下15度の中で観戦したカップ戦。体感したなかで一番の寒さだったけど、サッカーには熱があった。「この国はこれからいい国になるんだ」という人々の前向きさが伝わってきた。

そんな国、そんなクロアチアの人が僕は好きだったし、そこから色々と学びもした。フットサルへの挑戦に戻れば、僕があそこまでできると周りは思っていなかったみたい。僕自身は「なめてるのか」と思っていました。ある程度できると思わなければ、やりません よ。

今季も冒険や挑戦をいい方向、いい力に変えていきたいね。自分をどこまでも高めていくうえで。

まあ僕の場合、どこで何をしてても楽しいもの。必ずね。


（2012・3・2）

「個性」が飛び抜けてこそ

カズと聞けば日本の人々はストライカーを思い浮かべるだろう。でも、ブラジルの人たちが僕にイメージするのはウイングなんだ。「ペダラーダ（またぎ）」。ブラジル人のようなフェイントとドリブルをする日本人だと話題になったから。僕も「ウイングをやりたい」ではなく、「ウイングこそ自分」と思っていた。

やがてウイングの仕事だったセンタリングの練習はサイドバックがやるようになった。いまよく見る4―3―3でも、両翼のフォワードはかつてのウイングではなく外から中へ切り込むプレーをする。

サッカーの変遷とともに、僕もいろいろやった。日本リーグの読売クラブ時代には自由に動く2列目、代表ではセンターフォワードにシャドー、京都時代はワントップもこなした。

横浜FCではボランチまでやる。3月14日の紅白戦では右ミッドフィールダー。最終ライン手前まで下がって球をもらい、サイドチェンジしてリズムをつくる。僕が右から内へスライドすると別の味方が外に出る。自由にセッションしつつバランスは崩さない。そしてゴール前に顔を出して得点まで取っちゃったりする。最近は何でもやっている気がするよ。

周囲が期待するのはゴールかもしれないけど、僕はいま自分ができているサッカーが楽しい。

でも気をつけたいのは器用貧乏。この世界、「あいつは全部できる」というのは「あいつはどれもできない」という意味にもなるから怖いんだ。

松井大輔選手（ディジョン）がフランスで活躍し始めた頃、語っていた。

「ミッドフィールダーでいくらうまくても、決定的なことができないとこの先の階段は上れない。10ゴール、10アシスト、数字で示さないと」

最後にペナルティーエリアで何ができるか。本当に何でもできるかが、そこで問われる。

監督に注意されて抑えられてしまう個性なら、半端な個性であり半端な実力なんだ。ロナルド（ポルトガル）はドリブルしても、最後まで奪われずゴールするから「持ち過ぎ」でなく「最高」となる。飛び抜けた個性、怖がられる存在にならないと。

もちろん僕は技術・体力あってこそ様々に使われていると自負している。半端に甘んずる気はない。

「これだけは絶対」という個性も求めていくよ。ミッドフィールダーにボランチ、どこにいても必ずペダラーダはする、とか。

（2012・3・16）

成功よりも成長したい

これまでのプロ生活で何人の監督とチームを共にしただろう。30人くらいかな。上司が30回も代わる会社員、なかなかいないよね。

横浜FCは今季3試合で監督が交代。ガンバ大阪も監督が解任された。この世界は厳しい。どんなにいい戦術でいい練習をしても、勝たなければ良い戦術・練習とはいえなくなる。

僕からすればガンバ大阪は悪いサッカーでもなく、たまたま点が入らず負けていたように見えたけど、3週間勝てず監督がクビになってしまった。

新しい監督になってやり方がガラリと変わり、連勝し始めたとする。となると前監督の下で過ごしたキャンプや準備期間は一体何だったんだろう。試合直前にチームをつくっても結果は出ると勘違いしそうだよ。

内容が悪くても、勝てていれば「勝たせる指揮官」かもしれない。何が正しいのかと問われると、分からないというのが僕も正直なところ。正しいと言い切るには勝つしかないんだろう。

でもね、サッカーの成功とは、最終的には、「勝ち負け」とは違うと思うんだ。成功した、結果を出せたというのは、人が判断することで、自分が決めることじゃないでしょう?

試合も自分一人では勝てない。相手があり、その日の調子、運もある。

でも成功と成長は別だから。成長したいという気持ちは誰にも邪魔できない。それに自分だけでも成長はできる。そりゃあ邪魔する人はいるかもしれないよ。でもそれはプラスにとらえればいい話で。

選手には頭と体の「帳尻」が合わなくなる難しい時期がある。それまでできたプレーが少しできなくなるときだ。でもそこで練習を年齢とともにうまく変化させると、帳尻はまたついてくる。

どんな状況だろうが常に100パーセントで――。岸野靖之前監督の下で磨きがかかったことだ。そして山口素弘新監督になり、自分がこの人とどう成長できるかを考える。今日負けたからダメ、今日勝ったからOK、じゃない。人間として成長したいから、やる。

「成功は約束されていないが、成長は（本人次第で）約束される」

日本代表のザッケローニ監督はいいこと言うね。成長するという信念を抱く人間に青春は訪れる。成功よりも成長したいとの気概でことにあたる人がずっと青春を生きるんじゃないかな。

（2012・3・30）

見えないものとの戦い

重圧やプレッシャーは目に見えないだけに、克服しようにも難しい。

先日、浦和でリーグデビューを果たした18歳の選手が55分あたりに足をつっているのを見た。横浜FCで今季初先発した18歳の選手も同じ時間帯につりかけた。

僕もそうで、18歳で迎えたブラジルでのデビュー戦は55分過ぎに足がけいれんしている。

過剰に緊張していたんだろうね。次の試合からは足なんてつらないんだから。

ここで成功しないと食いっぱぐれる――。

ブラジルのころから危機感で自分を追い込んできた。個人的に重圧はないよりもあった方がいい。

重圧のかからない状況でも「ここで自分を試す」と自分で自分に重圧をかけたしね。気合を入れて成功したときも力みすぎたときもあるけれど。

いまだに先発に入ると興奮してくる。でも今は抑えなければと落ち着き払う自分もいて、ふっと力が抜けるというか。

いい高ぶり、責任感、リラックス。微妙なバランスで保たれているのがいいときで、リラックスだけでもダメなんだ。

重圧を和らげる助言も難しいけど、こういう言葉ならかけられると思う。

「日ごろ君がやってきたことが良くて、君は今日出場しているわけだから、自分のいいところを出すことだけ考えればいい。恐れるな」

フォワードの僕もディフェンダーの先輩たちに言われて楽になったものね。

「カズ、どんどんいけ。おまえがミスしても後ろで俺たちがカバーしてやる」

若い人は練習でいい結果を出せても、本番で出せないときがあるかもしれない。一流の選手になると本番で切羽詰まったときの方が結果が出ちゃう。

僕も練習でできて試合でできないころがあったけど、面白いものでいつしか「逆」になった。どこで力を出すか抜くかを、経験を重ねるとともに覚えていく。大きな舞台になるほど力が出ている。

あのペレですら「点を取れるだろうか」と毎試合不安だったという。不安や人の心は目に見える形がない。見えないものをつかむのが、一番難しい。だけど、人間は見えないものをつかむために生きている気もする。

「なんで俺、こんなにやるの？」

答えは見えない。5年たてば見えるか。60歳までプレーしたって見えないでしょう。たぶん人生は見えないものと常に向き合い続ける。でも、だから面白いんだ。

（2012・4・13）

卒業証書はなくても

小さい頃は「サッカーだけやっていればいい」と思っていた。正直言って勉強も何もしなかったし、「僕の将来にこんなの役に立たないや。だってブラジルでプロになるんだもん」と勝手に思い込んでいたね。

今となれば、子供で無邪気で軽い気持ちだったから、15歳でブラジルへ飛び込めたのだと思う。

いざブラジルに渡ってみると、サッカーだけで生きるのがどれだけ大変なことか分かった。プロの一歩手前に控える年上の選手らでさえ、自分とものすごくレベルの差がある。彼らでもプロで成功する人は一握り。これで僕はプロになれるのかと不安は募る。生きていくには勉強も必要ではと自覚しだしたころ、高校は卒業しておいた方が、とも考えた。

そこで教師代わりだった人に諭された。

「卒業証書が欲しいのか、勉強がしたいのか。どっちなんだ。大事なのは勉強することだろ。ブラジルまで来て、形だけ高校にいってもしょうがないだろ」

ミステリー小説を読めば文章の勉強になったし、大人が行く社交場では自分をコントロールするすべを身につけた。上っ面や形でなく、中身や本質が大事なのだと学んだ。サッカーを仕事にし、選択の岐路に立った場面でも、見栄より実を取ってきた。「私はJ1です」と名刺だけあっても仕方ない。名刺がJ2でもピッチで輝ける方がいい。大会社の肩書があれば安心と錯覚する人もいるようだけど、そうではないとサッカーから教わった気がする。

名門校の教育現場では「ライン」がつくられていることもあるだろう。中学、高校、大学と連なる線。先生は大学という地点を中学生たちに早くも意識させる。大学へ行くには中学生でこの成績ではだめだと。

サッカークラブも似た面はある。ジュニア、ユース、トップチーム。トップに昇格すべくジュニアは教えられる。

ただ、人生そんな直線だけじゃないだろと僕は思う。右へそれ、左へ外れるときだってあるだろうと。

「ここへ行くにはこうしなくてはだめ」とプログラム化されすぎると少しかわいそうになる。大学であれトップチームであれ、そこが終着点じゃない。ほんとに大事なのはその「先」。その先に開けている世界が一番大事なはずなんだ。

（2012・4・27）

三歩進んで二歩下がる

一口に監督と言ってもいろんなタイプがある。自分で選手を動かしたがる人。「やるのはおまえたちだ」と放任する人。技術で鳴らした選手が、監督になると逆にパワー前面のスタイルをとるなんてこともある。

横浜FCの山口素弘監督は現役の印象「そのまま」。みんなが思い浮かべる「ボランチのモト」のプレースタイル・考えを、そのまま指導にも広げているというか。仮に選手のプレーが成功と失敗とに分けられるとしても、単に結果論で問うことはあまりない。結果に至った状況、全体像を踏まえて良い・悪いを判断している。そこが分かりやすいからこちら側もやりやすい。

山口監督の下、僕は3試合先発。でも終盤32分間出たときもあれば、残り1分だけのときもある。

出ない試合もある。もっと出場したいのはやまやまだけど、自分の使われ方が決められていないということはいいことなんだ。本当の意味で競争させてくれている。だから期待もできる。

状態が良ければ19歳でもパッと使う。45歳の僕も使う。中心選手も体調が落ちたとみれば外している。外国人も、練習でふて腐れるようであれば使わない。そこがハッキリしている。

だから妙な話、出られなくても納得ができる。出られない選手たちの愚痴も不思議と少ない気がするしね。

新監督になって次戦が10試合目。勝ちもあれば負けもあった。早々と結果が出れば監督も乗っていけるだろう。でも時間をかけて基礎を築き、だんだんと強くなる方が、のちのちクラブのためになるとも感じる。

勝ちながら内容を良くしていかねばならない僕らの作業は、三歩進んで二歩下がる。前進しているかどうか分かりづらい歩みでも、１００試合積み重ねれば百歩進めるわけだから。

どんなに「いいこと」をしていても、勝てないままだと違う方向へ向かわざるを得ないのがプロチームだ。練習も理想も「変えなければ」という空気が自然にできてしまい、何が良いのか悪いのか見えなくなっていく。

自分たちがいいことをやっていると感じる今だから、勝負で勝たねばならないのだと強く思う。最終的な答えは僕にも分からない。でも良くなる可能性の感触を消さないためにも、成績を残していきたい。


(2012・5・11)

実り多きバンコク小旅行

昨年に続いて朴智星《パクチソン》選手主催の慈善試合に行ってきた。出場したのは前半だけだけど、パスはつながり、シュートも打てた楽しい45分間。帰国便が迫っていて後半はよく見てないけど。

バンコクで夜7時から試合をして、翌朝9時半から横浜FCの練習に出る。タイに来たついでにプーケットでくつろぐという仲間にこの日程を話したら「おまえはバカか」と言われた。でも僕にはこれがたまらない。いつもと違う黄色い声の飛ぶスタジアムでプレーし、半日後にいつもの練習場で走り、数日後にはリーグ戦で鳥取へ飛ぶ。これこそ充実感と思える。スパイクと荷物一つを持って飛び回り、いろんな人とプレーする。サッカーってそういうものじゃないのかな。

僕の背後でボランチをしたのはファーディナンド（マンチェスター・ユナイテッド）。指示の声がやたらとでかい。

「フリーだ、ターンしろ！」

ユナイテッドでも同じように大声を飛ばしているんだろう。僕はルーニーになった気分。

一流の選手は、日本人だから、中国人だからといって見下すことはしない。中途半端な人ほど偏見にとらわれるんだろう。

ＡＣミランなどで活躍したシミッチとはザグレブつながり。引退して2年ほど何もしてないというのに、うまい。36歳だから若い方だけどね。

似たような親睦試合でも、20歳の頃は遠慮で自分を出せなかったのを思い出す。この30年の経験の大きさを今さらながら実感する。今の僕はどこへ行こうと、変わらぬ自分を出せる。

中学校で英語の試験が2点だった僕が、海外選手らと友好的に語らっている。どんな話題を振ればいいか、食事会でどう振る舞うか。コミュニケーションのやり方を経験で身に付けている。

言葉をたくさん知るだけでは足りないんだね。語学落第生の僕が、コミュニケーションの得意な人間になっているわけだから。

ピッチで交わればお互いの個性が分かる。一緒に戦った後はコミュニケーションもより深いものになる。サッカーの思い出話に花が咲く。ピッチは僕らを濃い仲間にする。イベントで顔を合わせるだけならこうはならないだろう。

サッカー人として厚みが増す、そんな場には行くべきですね。1カ月に1回、12カ国を巡りたいくらい。

(2012・5・25)

細部こそ気が抜けない

僕はみんながこだわるほど、ゴールにはこだわってこなかった気がする。代表でもたくさん取らせてもらいましたけど、それは周りが良い選手だったわけで。だから鳥取戦でのゴールも自分ではあんまり特別でもなかった。一番いい所にボールを置けたシュート直前のトラップも、自然に、何気なくできたというか。

サッカーではほんとにディテールが大事で、プレーの細部の質にこそ僕はこだわりたい。何気ないワンタッチプレーやツータッチプレーといったものが、実はチームにリズムをもたらす。ものすごいフェイント、あっと驚くリフティング、スーパーボレーシュートなどがチームのリズムを変えるわけではないからね。

女子代表の沢穂希《さわほまれ》選手（ＩＮＡＣ神戸）はワールドカップ決勝で真似できないような同点弾を決めた。あれは確かに感動を呼ぶスーパープレー。でもそれより、彼女が球を失ったら追っかけてスライディングをして取り返す、その姿に人々は心を動かされるんじゃないかな。実績の一番ある人が先頭に立ち、走りまくって汗をかいている。あれならチームメートはおのずと引き締まる。

メッシらスターもスーパープレーはするんだけど、数自体は多くないはず。むしろボールを失った後、泥臭く奪い返しにいくプレーをやっている。泥臭さも大事なディテールなんだ。

11人がうまく動けるためのシンプルなプレーが、リズムを生み、最終的にいいアシストや素晴らしいゴールへ結びつく。いつ何時でも簡単そうに、ボールを的確に止め、蹴る。「簡単なこと」をリズム良く続けることが、もしかしたら一番難しいのかもしれないよ。

少しずつ横浜FCもそれができつつある。5連勝といいペース。ただ、それでも22チームの中ほど。一度負ければプレーオフ圏内（6位以内）さえ遠くなる。

ここ数年はご無沙汰だった「勝たねばならない」という緊張感を味わっている。負けられないと心の底から思うとき、自然と足は伸び、体は動くものだ。緊張感から遠ざかっていると、そのつもりはないのに同じ場面で足が出なくなる。悲しいけど、それが弱い組織の現実なんだ。

「負けられない」厳しさのなかへ、僕らのクラブはようやく入っていける。

（2012・6・8）

中心になるまでが大変

ブラジルのメディアはとても手荒くて、試合前にチームが前泊するホテルへ平気で電話をかけてくる。なぜだかフロントもそれを選手の部屋へつなぐんだね。「もしもし」と応じたら、そこからラジオの生中継へとつながれている。さすがに今は変わりましたけど。

海外でプレーすればマスコミの目は日本より断然厳しく、日本にいるとき以上に激しいポジション争いを強いられる。

代表では毎試合出ているようにみえる長谷部誠選手（ヴォルフスブルク）だって、ドイツではサイドバックもやり、45分で交代もさせられる。毎日毎日が勝負であって、保証はどこにもない。

長友佑都選手（インテル・ミラノ）も定位置争いの厳しさはさることながら、浴びているファンやメディアの罵声がおそらく世界トップクラス。

そこをくぐり抜けている彼らの経験が日本代表にどれだけ大きいか、ワールドカップ最終予選3連戦ですごく感じることができた。

負ければ「あいつが点を取らないから」と決めつけられる選手がいる。でもだからその選手はエースであり中心なんだ。簡単に背負わされるのも選手に格があればこそで、それが選手のすべてとも思う。

マンチェスター・ユナイテッドに移籍する香川真司選手にも日本から大きな期待とプレッシャーがかかるのだろう。でもあそこは全員がそういった特別な選手。香川選手だけが特別なわけじゃない。それにユナイテッドほどの名門となれば、余計な重圧から選手を遠ざけ、本来の力が出るように環境を整えてくれる。

「香川選手は代表よりドイツでプレーするときの方が輝いている」とよく耳にする。それは周囲が違うから。ドルトムントでは彼の周りをポーランド3人衆が固めていた。見る限り、あの3選手は世界レベルだと思う。だから香川選手のもらいたいタイミングでパスが出てくるものね。

サッカーは「合わせる」スポーツ。周囲が自分に合わせてくれる「中心」になれれば、代表でもユナイテッドでもうまくやれる。中心でやれるということが、どれだけ楽なことか。そうはさせてもらえないから、ビッグクラブでは苦しむんだ。

だから今度会うとき伝えておきます。「中心になるまでが大変なんだ」って。

（2012・6・22）

落選も通過点と思えれば

ワールドカップや代表選考になると必ずテレビで流れるシーン。「外れるのはカズ。

三浦カズ」というあの名文句。誰かが選ばれ、誰かは切られる。今回〔2012年〕のオリンピック代表でいえば、アジア予選ではメンバーだった大迫勇也選手（鹿島）らが選に漏れた。

悔しくないわけがない。でも彼は鹿島という日本サッカーを引っ張ってきた名門でエースとして頑張っている。プレーには知性も将来性もある。今回はたまたま選ばれなかっただけ、と受け取ったらどうだろう。世界を見渡せば、23歳以下による五輪には出場していなくてもトップクラス、という選手なら大勢いるよ。

見返すという言葉は僕は好きじゃない。どこか未練がましい。だから見返すのでも反省するのでもなく、何が足りなかったのかを、自分が前向きになるためにみつめる。自分のために悔しさをバネにしてほしい。

もしかしたらこれはチャンスかもしれないよ。五輪の期間中に大迫選手がJリーグでゴールを連発すれば、9月のワールドカップ予選に呼ばれるかもしれない。自分で頑張って結果を出せば次の2014年ワールドカップに出るチャンスだってある。そうならないと断言する理由はない。

目標は目の前にあるんだ。鹿島を優勝に導くくらいに活躍して、1センチでも前に進んでいけばいい。

そもそも僕らは、毎週毎週、選抜されている。週のたびに優劣をつけられ、毎日毎日ふるいにかけられて。でもそこに一喜一憂しないこと。五輪代表監督に成績を残す責任、18人を選ぶ責任があるなら、大迫選手や僕らにはグラウンドの上で全力を尽くす責任がある。

あの1998年、僕は帰国した空港から直行して練習に出た。そこで落ち込んでいるヒマはないと思った。

外れたからといって、サッカーを取り上げられたわけじゃない。サッカーをやめろと宣告されたわけでもない。今週末も試合はあり、落選したその日だって、サッカーはできる。

ワールドカップを頂上とみればオリンピックは通過点といえるだろう。通過点……。僕はいま45歳でプレーしているけれど、どんなことがあっても、どんな場所であれ、すべてが僕には通過点。今のこの瞬間も通過点と思える。それは終着駅のない旅。「ここでいい」という地点はないんだ。

（2012・7・6）

天才が天才を超えるとき

オリンピックでまず思い浮かぶのは1976年のモントリオール大会、体操のコマネチ。静岡の田舎生まれの子どもも「10点満点」には夢中になりました。僕は早くからブラジルに渡ったのでオリンピックでサッカーが盛り上がるという感覚があまりない。当時のブラジルは1クラブチームに数人を加えて「オリンピック代表」にしていた。強化らしい強化もナシ。そんなふうだからいまひとつ盛り上がらなくて、スターを呼びたいという発想からオーバーエージ枠は始まっている。

ブラジルがベベトを加えたり、カメルーンがエムボマを入れたり。今回の英国代表には38歳のギグス（マンチェスター・ユナイテッド）が加わった。

日本はまじめで、ちゃんとした補強をしているね。僕などが入ったら話題になりすぎるかな。良くないか。

僕のなかでオリンピックといえば2000年シドニー大会の高橋尚子さんだね。2時間23分14秒、マラソンをスタートからゴールまで、席も立たずに見続けたのは後にも先にも高橋さんの1回だけ。自主トレ先の鳥取で「よっしゃ。頑張れ」とテレビ画面に叫んでいたのを思い出す。

「この走り、大丈夫？　いける？　大丈夫だよね？」

そばにいるトレーナーに逐一確認し続けながら。

衝撃を受けた、金メダルへと向かうあの走り。サングラスを投げ捨てたのが「勝つぞ」という意思表示に見えた。かっこいい、絵になるよね。

オリンピックは世界トップの選手が集う場所。トップと言われ続けた人間が、それまで以上の努力をして世界一をつかもうとする。天才たちが天才を超える努力をする。だから人々の心を打つんだろう。

2004年アテネ大会の柔道、谷亮子さんもずっと見ていた。場所は神戸のバー。

ヤワラちゃんが表彰台に上がり国歌が流れ出す。バーなんだけれども僕も立ち上がって、胸に手を当てて君が代を歌ったのを覚えている。隣の友人たちも起立させ、みんなで合唱したんだ。

「4年間の努力」とよく言われる。でも谷さんにしても4年どころではなく、もっと前から努力して抱えてきたものがある。それが表彰台の表情から垣間見えるのは美しく、心を奪われる。銀メダルだと君が代は歌えないから、僕らが国歌を歌えるような光景に今回も恵まれますように。

(2012・7・20)

2週間に一度のお祭り

中盤にさしかかったロンドンオリンピックでは男女のサッカーがそろって決勝トーナメントに進んだ。選手たちの活躍を祈りながら、僕は連日の猛暑の中でチームの練習に

提本無樹　明鏡亦非臺
來無一物　何處有塵埃

新潮新書

汗を流している。

夏の練習はやっぱり大変で、同じことを繰り返して積み重ねていく作業はつらいものだ。体もきついし、メンタル面もきつい。冬場や涼しい時期と同じような走りはどうしてもできないし、体力任せにやっても持たないから、アタマと技術を使ってやらないといけない。

一年を通した練習の積み重ねは大事だけれど、消耗の激しい夏場にやり過ぎてしまうとマイナスの蓄積も大きくなってしまう。だからといってダラダラやっていたら集中力もなくなるしね。そのあたりをうまく調整しながら、キレのある練習を手際よくやらないとだめだ。

ただし、どんなに暑くても試合となると気分は別。やっぱり選手にとって試合は一番楽しい。お客さんが自分たちのプレーを見るために集まって応援してくれる。いい雰囲気の中でサッカーができるんだから、こんなに楽しいことはない。オリンピック真っ最中だが、8月もJ2は5試合あって、僕らはそのうち2試合をホームで戦う。

4年に一度開かれるオリンピックが世界のお祭りなら、リーグ戦のホームゲームは2

週間に一回やってくる地元のお祭りだ。欧州やブラジルの人たちはそれを楽しみに生活している。

地域に根差したクラブづくりを目指しているJリーグも、お祭りという位置付けで注目される存在にならないといけない。もしそうなっていないなら、まだ努力が足りないということだろう。

たくさんの人が熱狂するオリンピックだって、最初からこんなに世界的に知られていたわけじゃないと思う。10年たち20年たち、100年以上の歴史を重ねる中で大きくなってきたわけだから。Jリーグも同じように積み重ねて、本当にみんなが楽しめるリーグにしていかなければ。

スタジアムでリーグ戦を観戦した親子連れが「次の試合、横浜FCはどうなるんだろうね」という話題で盛り上がりつつ、家ではテレビでオリンピック代表の試合に声援を送る。そうやって両方のお祭りを楽しむ雰囲気が出来上がるといいね。

（2012・8・3）

差が縮まりゆく時代に

「オリンピックで男子サッカーが44年ぶり4強」。事実だけど、44年にことさら注目するのはどうなのかな。比べて語るのは無理があるよ。

昔のオリンピックはプロが出ちゃいけなかった。国によってはトップチームを送り出せなかったかもしれない。原則23歳以下と条件がついた1992年バルセロナ大会からは新しい大会になったといえるほど。状況も基準も変わったのだし、別の価値を認めた方がいいんじゃないかな。

僕が感心したのはオリンピック代表のコンディションの良さ。Jリーグができて20年、コンディションを上げ下げするルーティンを選手もスタッフも積んできた。集団としてピークを合わせるのは難しい作業なのだけど、日本は「本番への持っていき方」がうまくなったね。

日本は強くなったともいわれる。でもホンジュラスもモロッコも、どの国も強くなっている。どこが勝ってもおかしくなく、日本が1次リーグで敗退してもおかしくなかった。

戦った選手たち本人が最も感じたと思う。勝利は紙一重だと。

裏を返せば「日本も決勝まで進んでブラジルに勝つチャンスがある」と感じた。今回のブラジルはスキもあった。1次リーグではエジプトから先に3点取って、2点を取られる。本当に強ければ3―0で終えられる。

若いブラジル選手にそう話すと、「先に3点入れたから油断したんだよ」。だから言っておきました。

「そういう油断がよくないの。君も」

まだサッカーの怖さを十分味わっていないんだろう。

「日本の野球はだいぶ変わりました」と元プロ野球選手の仁志敏久さんが教えてくれた。大リーグが身近になり、投手の投げる球種や技術は大きく影響を受けた。

たぶんサッカーも同じ。どこででも、世界のあらゆるサッカーを間近で見られて、取り込みやすくなった。今の子どもたちのトラップやボールの蹴り方は僕らのころとはだいぶ違う。

でも昔が劣り、現在が優れているというわけじゃない。ロマーリオが「ペレの時代なら、俺は2000点取れた」と豪語したことがある。昔は今ほど守備が厳しくなかったから。

するとメディアは「ペレが今の時代にいたら、3000点は入れられるよ」。現代のトレーニングや体調管理の知見・技術があれば、キング・ペレはもっとすごかったと。

（2012・8・17）

痛みにケガ、休まず鍛えて克服

アスリートはギリギリの戦いの中で生きている。試合中の出来事など心覚えがあるものだけでなく、長年の疲労が蓄積した結果とか、どこでどういうふうになったのか見えづらい異変にも見舞われる。予期せずケガに襲われ、前日は痛くないところが朝になると痛むことも。先月〔2012年8月〕、突然背中に張りを覚え、4日ほど練習離脱を余儀なくされた。

休めばいつものルーティンは途切れる。本来の80パーセントまで戻らないとやれない選手、30パーセントで構わないというタイプ、いろいろいるけれども僕は1週間も休むともう限界。多少の痛みでもやらずにはいられない。やるべきことをやると決め、やりながら鍛え、痛みが去るのを待つ。休みより鍛えることを優先してしまうね。ただし今回は最初の数日はトイレへ行くのも一苦労。さすがにやれないよね。このコラムも休みました。

何歳だろうと、体のどこにも痛い箇所がない選手なんていないんじゃないだろうか。僕も20代でボールを蹴れないほどの足首の痛みを経験してきた。みな、どこかしらに故障を抱えつつ、それを越える肉体を作る作業と向き合っている。遠征先でベッドが柔らかすぎれば、朝起きると腰に痛みを覚える。ならば、と腹筋と背筋を鍛え直す。柔らかいベッドでも痛みを感じなくなる。痛める、克服するを繰り返していくんだ。

休まずにやって成功ばかりだったわけじゃない。ケガをおしてプレーして悪化させたときもある。それでも45歳になった今もこうしてプレーできているわけで、「あのとき、やる判断をしてよかった」と思えることの方が多いよね。休むより、やることで「やれる」という自信に変える。そうやって強くなったと思う。

この歩みがあるから、今回も「また戻せる」という感触がある。今週も連日、体幹などを1時間半ほど鍛え、続いてグラウンドで走り心肺に刺激を加え続ける。現時点でこれだけ走れれば、起用されても再び応えられる気がする。

1996年8月の日本―ウルグアイ戦、右膝内側靱帯を痛めて右足で球を蹴れなかった。そこで左足と頭で2得点して5―3の勝利。右がダメなら左があるぞ、と。実際は左足だけじゃサッカーはできないんだけど、それくらいの気持ちでいこう。

（2012・9・21）

責任を取るということ

フットサル界を発展させるために君が必要だ――。

強い要請を受け、フットサル日本代表候補に加わることを決めた。サッカー界全体のことを考えた。自分がやれることで協力する。それ以上でもそれ以下でもなく、決めた道を僕は貫く。

J1昇格のかかる大事な時期に横浜FCが「行っていいよ」と手放すことは、カズは要らないと言われたのと一緒じゃないか。否定的な見方もあることは分かっている。「いま離れられると痛い」という山口素弘監督の考えも知っている。僕もクラブも監督も協会も、現場はプラス面もマイナス面も重々承知している。そのうえで悩みながら決断を下していくんだ。

人がやったことのないことをやるのは苦労するよ。でも誰かが新しい道を作り、誰かがその道に続く。道が壊れれば、また誰かが作り直す。この過程を通らなければ、サッカー日本代表だって現在の姿も発展もなかっただろうから。

自分はサッカー選手だから横浜FCを最優先する。フットサル合宿初日も集合前に横浜FCで練習してきた。佳境のJ2リーグ戦出場に照準を合わせて調整している。かつ、時間の許す限りフットサルに加わりたい。ワールドカップのため、勉強のため、出られるものは両方出たい。

まあ、大変だね。でも決断したのは自分。自分が好きでやっていることだから、自分で責任を取るよ。

では責任って何だろう。結果が出なければ「すみません」と謝ること？「もうフットサルはやりません」と辞める？

違うはず。全力を尽くすことが責任を取ることと僕は思う。勝っても負けてもそれをやる。

自分で行きたいと言ってブラジルへ渡った。イタリア挑戦もシドニーFCへの短期間の移籍も、全部自分で決めた。人生は自分の選択。だから成功や失敗はあってもそこに悔いはない。

目に見えた数字で表れなくても、時を隔ててから「あの選択があったから」と思えることもある。僕にしかできないことなのなら覚悟を決めて勝負する。もし日本でプレーする場がなくなれば、世界中のどこまででもプレーできる場所へ行くつもりでやっているわけだからね。

フットサルも、やると決めたら責任を果たす。誰が何と言おうと。

（2012・9・28）

難しく考えない戦術

どうもサッカーの戦術には詳しくなれない。

試合で相手の選手が交代する。

「カズさん、システムが4―4―2から4―3―3に変わりましたね。マークが縦関係になりましたよ」

パッと分かる味方はそう言うのだが、そばで僕は「なんで分かるの?」と思ってしまう。「そういう目線で見れば分かるよ」と言われ、見ようと努めもするけど、つまんなくてやめる。つい、そういう観点では考えずにサッカーを見ている。

松本山雅との試合、横浜FCが前半を1―0で折り返した。後半、松本の反町康治監督は、「横浜はサイドを起点にしていたから、スリートップに変更して前からプレスをかけ、相手の攻撃の意図をつぶし、ペースを奪い返そうとした」。

外から眺めていた僕は気づかない。でも横浜の山口素弘監督はその一手にちゃんと気づき、対抗策を打っている。監督というのはすごいよ。僕が監督ならあの場面、何もできないからね。

「カズさんも将来は監督に」と言う人がいるけど、これは断言できます。できるわけないです。

ただ、僕はこう考えてきた。サッカーをやるうえでは、あまり難しく考えてもいけないんじゃないか。

いま挑戦中のフットサルにしても、サッカーと違った難しさはある。動き方の違いに空間の狭さ、複雑なサインプレー。それらは理解しないといけないけど、頭でっかちに意識しすぎるのもよくない。

足でボールを扱うことは変わらないし、最終的にはゴールを決めること、ゴールを守ることに行き着くのも一緒。僕のなかでは想定内の違い。

「こんなにフォワードのステップができない人が、あんなに点を取るんだね」

かつて僕をそう評した人がいるらしい。何事も基礎が大事で、例えばフォワードとしての動きはしっかりしている方がいいのだけど、それだけじゃダメなときもある。教科書通りでは対応できない状況。そこが面白いんだ。

フットサル界の人から見れば、できていないと映るプレーもあるだろう。でも15歳のころブラジルで1年以上フットサルもやったから、なんだかんだいって体が覚えている。難しく考え出すと本当に物事は難しくなりがち。僕は鈍感なんで、難しく考えない。「自分はやれる」。この思いを大事にひたすらやっているだけなんで。

（2012・10・12）

人生を変える1ポイント

チームが勝ち進むには何が必要なのか。フットサルに参加することで、僕は改めて学ぶことができた。

フットサルワールドカップで日本は勝ち点0で1次リーグを終えてもおかしくなかった。相手は強国2チームにアフリカ王者リビア。ただ、日本がリビアと違ったとすれば一体感や「和」、きずなのようなもの。ブラジルに1―4で敗れてもぶれずに自分たちを信じ抜いた。ポルトガルに1―5と差をつけられても投げ出さなかった。

僕も人間だから苦悩します。自分が加わったことで代表に貢献してきた選手が外れる。チームにもともとあるリズム、フットサル特有の戦術を新人の僕が壊してはならない。自分は何をしなければならないか。どんな役割を果たせば。選手やスタッフが助けてくれて、僕も懸命にグループへ入ろうと努力をした。得たものの大きさから、いまはありがとうございますという感謝しかありません。

ベスト8、4だって行けたよな――。

でも、そこが壁なんだね。日本は強くなったといわれても、ベスト16の先にはもう一枚、壁がある。レベルをもう一段階上げねば破られない厚さで。

サッカーもそう。2010年ワールドカップで日本はオランダと0―1、オランダが準優勝だから「日本も可能性が」と思いたくなるけど、その差は「1」以上のもの。

1ポイントが人生を変えることがある。引き分けたフットサルのポルトガル戦。「1ポイント取っただけじゃないか」という声もあるだろう。あの場に居合わせた僕らは、あの「1」がどれほど大変なものなのかが分かる。1以上の価値のある1ポイントが絶対にあると思う。伝説の1ポイントとなって、次代に生きると信じるよ。

カズが守備で頑張った、スライディングで体を張った。そんなの当たり前で何もニュースじゃない。攻撃と守備はコインの裏表。人生を変える1ゴールがあれば、止めた1ゴールも人生を変えるんだ。

そんなゴールやプレーをJ1昇格プレーオフに思う。千葉が横浜FCから奪った得点が千葉のこの先20年を左右するかもしれない。その失点で僕らは20年昇格から遠のくかも。なかなかそこまで頭が回らないのだけど、そのくらいの大きさなのだとかみしめながら、歩んでいくしかない。

（２０１２・11・23）

プロに「明日」はない

一つのシーズンが終わり、新たなシーズンへ向かう。その先、５年や10年後、自分はどうなるのだろう――。僕はそんなふうにあまり考えない。プロは「いま」を生きるしかないから。

「君たちは歯医者へ行けば、並ばずに１番目で治してもらえるだろう。でも選手を辞めれば、１００人の列の１００番目に並ぶんだよ」

ブラジルで監督からよく聞かされた。今日は選手でも、明日はどうか分からない。自分の置かれた状況なんて一瞬で変わる。ちやほやされたって、僕も歯医者の列の最後尾へ……。

だから、今日を頑張れ。今日を頑張らないと明日もないんだ。そう言いたいための譬《たと》え話なんだね。諸行無常、厳しい生存の現実をブラジルで見続けてきた。だからずっと「今日」しか見てこなかったよ。

いまの僕の年になれば、一年一年というスパンではなく、一日一日という感じ。20歳や30歳の選手にならら「これをすれば体はこう反応し、こう回復する」と言える。45歳の選手には誰も教示できないよ。今日これだけ練習して明日はどうなるか、僕にも分からない。

練習ですごく体が切れて「こんなに……できちゃっていいのかな？」と自分でも驚くことがある。かと思えば「ここまで悪くなるの」という日も。そんな僕に「分かるよ。俺も経験あるよ」と言える人はいない。

明日が見えにくければ不安にもなる。僕だって、これだけストイックにやっても「俺、どうやって食っていくんだろ」と思うもの。

1億円、10億円はすごいお金だけど、なくそうと思えば一瞬でなくせる。レベルの違いはあれども、何事も本質では同じじゃないだろうか。保証がない点でね。

でも、不安や危機感と隣り合わせの人こそ、強くなれるんじゃないかな。僕にも常に危機感がある。それが「挑戦しなければ」との心を生む。挑戦は必ずリスクが伴うけど、やらずに後悔するよりやって後悔したい、やらなきゃ――。身の保証があるに越したことはないけれど、もともと保証がないのがプロ。その代わり夢もある。

今季は何もせずに終わったというか。それでもいまに打ち込むことを、続けられる限り続ける。年齢を重ねてますます意欲的になっているからね。我ながら元気です。


（２０１２・12・７）

Ⅲ　習慣と工夫、継続と刷新——２０１３年（〜２０１４年春）

【2013年】　＊太字は著者自身の動向

5月15日　Jリーグ開幕（1993年5月15日）から20周年となる日を迎える。
5月23日　**前年に現役を引退した元日本代表の藤田俊哉の送別試合**（**国立競技場**）**に、日本代表経験者を中心に組まれた「ジャパンブルー」のメンバーとして出場。**
6月4日　日本代表がW杯アジア最終予選のオーストラリア戦（埼玉スタジアム）に1－1で引き分け、残り1戦を残してW杯本大会出場を決めた。
6月9日　**国立競技場で行われた日伊代表OB戦にゲスト出場。ダイビングヘッドでゴールを決める。**
6月15日～22日　FIFAコンフェデレーションズカップブラジル大会に出場した日本代表は、ブラジルに0－3、イタリアに3－4、メキシコに1－2と、3戦全敗で1次ラウンド敗退。
7月3日　**栃木戦に先発出場。試合開始16秒でゴールを決め、自身のもつJリーグ最年長ゴール記録を46歳4カ月7日に更新。**
9月7日　2020年の夏季五輪開催都市に東京が選出される。
11月3日　**松本山雅戦においてヘディングでゴールを決め、自身のもつJリーグ最年長ゴール記録を46歳8カ月8日に更新。**

【2014年】

2月7日～23日　冬季五輪がロシアのソチで開催される。
3月2日　J2の2014シーズン開幕。

グアムでの自主トレ10周年

年明けにグアムで自主トレをするようになって今年で10周年を迎えた。体の変化を感じ、何かを変えねばと新しさを取り入れたのが37歳になる手前。専門フィジカルコーチやトレーナーを交えてチームを結成、体幹や瞬発力、サッカーの動きをより機能的に高めるメニューを組んだ。「あと3年、こんな濃密なキャンプをやりたいね」。みんなで話したのを覚えている。

同じ顔ぶれのまま、みんな10歳、年を重ねた。「もう10年か。コンドミニアムを購入した方が安上がりだったよね」と笑いつつ、コーチもトレーナーも調理師もそれぞれの立場で最善の方法を考えてくれる。各自のプロ意識あってこそ成り立つ質。厳しくも家族で過ごすように10日間が過ぎる。

10年間、変えるところは変えながら。毎日早朝から3回の練習を課した年もあれば、ゴルフを取り入れたことも。ただしこのリフレッシュ方法は2回で打ち切りになりました。

近年は疲れをためぬよう、負荷を上げては下げ、メリハリの波を大きくしている。2012年はフットサルを控えていたから機敏性向上を優先して、すべきことも「飛ばし飛ばし」で仕上げていた。2013年はどんな体をつくるか。僕がリクエストしたレシピは「じっくりで」。

始動の1月3日から1カ月、何種類もの刺激を時間をかけて体に染み込ませる。有酸素運動の刺激、筋トレの刺激、チームでの練習による刺激。筋肉を壊し、太くつくり直すことを繰り返す。

横浜FCも宮古島の1次キャンプからじっくり、じっくり。それでいて確実に練習の強度を上げ、走りきる軍団をつくろうとする。

じっくり仕上げる下準備として、今年のオフもほぼ休みなし。旅先だろうが、どこでも全力。

マンチェスターでジムに通い、ローマで毎朝筋トレをして筋肉痛になる。できなかった泳ぎも覚えたよ。マンチェスターのホテルで45歳にしてクロールに開眼してね。足に負担をかけず体をほぐすにはちょうどいい。

準備は、あくまでただの準備でしかなく、シーズンでの成功を約束しない。それでもできることはすべてする。習慣と工夫、継続と刷新。パソコンと同じで何事もバージョンアップしていかないとね。僕も、みなさんも。

（2013・2・1）

拳の指導、本音話そう

高校生のとき、1限目から4限目まで寝ていたら怒られた。

「廊下で寝てろ！」

おっしゃる通りに廊下で横になって寝ていたら殴られた。そりゃそうだね。

手を上げてもらって助かったと僕は感じていた。授業を妨害し、教師に悪態をついたのは僕。悪いのは自分だと分かっていたから。

僕自身は手を上げるタイプじゃない。息子に対しても。

「やりたくなければ楽していいぞ。その代わりツケは必ず回ってくる。覚悟があるならいいぞ」

と言うだけ。突き放すわけで、殴る方が優しいのかもね。

いま、僕は若手をたたいてでも教えるべきなのかもしれない。「10代、20代のうちは苦しくても練習しておけ。30代で練習したいと思っても、できないぞ」と。だけどブラジルのプロの世界で育ち、生きてきたからだろうか。周りは助けてくれない、を人生の基本に考えてしまう。「練習したくないなら、帰っていい」。そのまま練習しない人間はそのまま落ちていく。

ブラジルの人たちは何があっても手は上げない。ただ、殴られる代わりに紙面に載せられないような強烈な言葉でののしられるよ。その文化に慣れていなかった若い僕は、暴力以上に深く傷ついたものだった。

体罰による高校生の自殺と、柔道界における暴力による指導の問題は、分けて議論した方がいいと思う。

前者は許されないこと。試験が30点でもスポーツで技術が劣っているからといっても、それを理由に暴力が使われるべきではない。

後者では、柔道界は建前を捨てた方がいいのかもしれない。「自分の世代は、できなかったらぶっ飛ばされて教わった。それで強くなったと信じ、自分もそういう教え方をしてしまった。それも含めて、信じてやってきた」という本音はないだろうか。力によって指導した時代があり、許されていたことを、まず認めないと議論は深まらない。そこを出発点に「これから」を考えていくことでは。

この問題に正解はないのだろう。線を引く基準の一つは「愛」かもしれないね。教える側が、教えている相手をどれだけ大切に思えているか。

たとえ愛が理由でも、拳を上げてはいけないときがある。大切に思うがゆえに、上げずにとどめる拳もあるはずだよ。

（2013・2・15）

若々しい目をもちたい

僕は「若返る」という言い回しが好きでなくて。顔や肌のメンテナンスで「これをすれば若返ります」といううたい文句があるけど、若返るわけないと思うんだ。僕は「46歳にしては若いですね」とよく言われる。でも若いわけないだろ、46歳は46歳だよ、ってね。

もし25歳の自分に戻してあげると言われたって、戻りたいとも思わない。今日の自分が最高。そういう思いで毎日を生きていますので。

プロ選手だから25歳のときの体力が今あればとは思う。でも今の頭脳や経験は当時はない。

46歳になった現在から見つめた20年前の自分など未熟すぎる。だから今から20年たって66歳になっても、「46歳の自分はまだまだだった」と振り返れるくらい、人として今以上に成長していたい。

この先の人生を勉強だと思うのか、もうやり尽くしたと思うのか。「何かが足りない」と日々思っている人と達成感に満ちている人では、年齢とともに得るものも違うんだろう。

僕は毎日、何かしら得るものがあるなあと感じるというか。1週間前の自分でさえ甘かったと反省するときがあるよ。つまり7日間でも人の考え方は変わっていき、成長していけるんだなと。

年齢は人を測る目安であっても、その人そのものではない。ヒデ（中田英寿氏）は29歳で引退したけど、各世代で代表になり日本のエースになり、世界へ挑み、同じ29年でも凝縮度が違うんじゃないのかな。

だから選手生活を30年もやったからすごいということでもない。こう言うと長く生きている人に悪いんだけど。

やはり中身が大事。先月、練習試合で僕は90分間プレーした。46歳で90分間やれてすごいと現場を見ていない人は言うけど、何もすごくない。90分間、歩いていたかもしれないでしょ。中身をよく見てほしいんだ。

2011年に対談したペレは昔と変わらぬ感じだった。でも72歳。その世代でいえば、とうに70歳を過ぎたのにぎらついていて、貪欲にもうけようとする、我が父親が最も衰えを知らない存在のような。人は円くなっても目の鋭さが相変わらずで。

欧州で会った宮市亮選手（ウィガン）も目が光を放っていたね。サッカーに対する純粋な瞳。キラキラした内面を映す若々しいあの目を、僕も持っていたい。

（2013・3・1）

何気ない一瞬に感謝

人間は忘れる。生きていくには忘れることが必要な場面だってあるだろう——。3月11日、作家の伊集院静氏が新聞に書いていた。

日本人の9割は東日本大震災の被害を直接被っていない。僕もそうだ。そんな僕らが忘れてしまっては罰当たりな気がしていた。被害に遭っていないだけに、よけいに罪に似た意識を感じる。ただ、「忘れるな」と連呼するだけでは押しつけにならないかと伊集院氏は言う。むしろ忘れるのは認めたうえで、忘れない努力を考えていこうと。そうだよなと共感を覚える。

僕もそれなりに年を重ねたんだろうか。ベッドでゆっくりと眠りにつける、朝起きて温かいコーヒーを飲める、そんな瞬間に幸せを感じるようになってしまった。開けたカーテンから漏れる陽光のぬくもり。朝ご飯を口にできる喜び。これ、50代になったら「ああ、今日も花が奇麗だな」って感じるようになるのかね。

起きてサッカーをして、寝て、サッカーをする。このサイクルが幸せだとは20歳の頃は考えもしなかった。当たり前と思っていた。「3月11日」を経験した僕らは今、何でもなさそうな事々のありがたみが分かる。

先日。早めにベッドに入りテレビをつけた。それがいつの間にか夜の12時に。野球の日本対台湾戦、互いに譲らぬ攻防にどんどん引き込まれて。

四回2死一、三塁、ショートにゴロを打った中田翔選手（日本ハム）が一塁ベースへ頭から突っ込んだ。

四回なのにプロ野球のトップ選手がヘッドスライディングだなんて、レギュラーシーズンでは見たことないよ。それだけ一球、ワンプレーの重みが違ったんだ。

結果は憤死。だけどあの回以降、台湾の投手は中田選手が背負ったのと同じ重みを抱えてマウンドへ登ることになったのだろう。両チームにも緊張を生み、見る方にも重々しさを伝え……。

人生を変える一瞬、人生を動かす一試合を境に、日本代表の見られ方は変わった。山本浩二監督は頼もしき司令官。全員が輝いてみえる。

2年前の3月11日から僕らの感覚は変わったはずだ。明日何が起こるか分からない。終わりが突然訪れるかもしれない。それでも、だからこそ、一瞬一瞬を懸命に生きることを忘れたくない。

（2013・3・15）

厳しい戦いの先に

ワールドカップ予選のアウェーで日本に0―6で負けたヨルダンが、ホームで2―1で勝つ。ホームとアウェーの境目が薄いJリーグに慣れた人には想像しにくいことだろう。ホームの彼らは頑張る。「ドーピングを疑った方がいいぞ」とブラジル人なら言いかねないほどにね。

1993年のワールドカップ南米予選。ブラジルがボリビアへ乗り込んだ。会場は標高約4千メートル。

僕もサントス時代にメキシコの高地を経験したけど、空気も薄いしボールの飛び方も違う。試合中なのに鼻血が出た。

だからブラジルも「0―1の負けならよしとする」という感覚だったらしい。

結果は0―2。ボリビアは「もはやブラジルだけが強いわけじゃない」と沸き立った。

1カ月後、真夏のブラジルでのホーム戦。ボリビア代表はブラジル北東、赤道近くのレシフェに連れて行かれた。高地の涼しさに慣れた人間には酷な気温38度。会場は芝生も刈らずに足が疲れるようにしてある。

テレビで解説者が騒ぐ。

「これで走れるか？　ボリビア代表よ。痛い目に遭うぞ。さあブラジル、見せてやれ」

王国は6―0でコテンパンにやっつけた。

こんなやり合いがあちこちで繰り広げられる。サッカー文化って面白いなと思うし、厳しくもあるよね。

僕らは勘違いしそうになる。吉田麻也選手（サウサンプトン）はイングランドでプレーしているから中東の選手には抜かれないはず、プレミアリーグのフォワードの方がすごいから――。

そう単純じゃない。サッカーに「絶対」はないんだから。

夢のあったセレソンと語り継がれる「黄金のカルテット」。1982年ワールドカップブラジル代表。ジーコらあれだけの選手が集結しても、勝てない試合はあった。世界を代表する技術の持ち主なのに代表のユニホームを着ると潰れていく選手はたくさんいる。欧州歴戦のジェラード（イングランド）が「代表戦ほど緊張するものはない」と語るのはなぜか。代表というものは、違うんだ。「本当に悔しいです」。香川真司選手（マンチェスター・ユナイテッド）からメールが届いた。代表の難しさを乗り越えてみせる、と決死の思いだったのだろう。無念さが手に取るように伝わる。

でも、この苦しさを戦い抜くから強くなれるんだ。

（2013・3・29）

憧れとしてのヴェルディ

練習試合で東京ヴェルディのグラウンドに立ち、90分間プレーした。僕にとって日本サッカーの全てのタイトルを取らせてもらったクラブ。かつてこのクラブが毎試合国立競技場を満員にし、知名度も全国区で……。

横浜FCのブラジル人選手に聞かせると、不思議そうだ。

「じゃあなぜ、今は人気がないんだ。コリンチャンスは2部に落ちようが何をしようが、サポーターの数は変わらないのに」

ブラジルのサッカー文化で考えると、ヴェルディの変貌は理解しにくいんだね。僕なりに説明してみた。

「ヴェルディの人気は選手一人ひとりの人気で、それでみんな錯覚したかもしれない」

プロリーグ開幕に伴うブームもあり、独特な道をたどったんだろうと。

うまかったラモス瑠偉さんは、球を取られれば相手を削ってでも奪い返した。平日のツータッチゲームの遊びと天皇杯決勝は、ラモスさんのなかでは一緒。やるからには勝つ、それが一番大事なことでもあるから。

華麗な軍団と見られていたけど、ダーティーな一面も多くてね。小さい頃に前身である読売クラブの試合を見に行くと、後ろから削ってでもボールを奪おうとするから友達の父親が怒鳴った。

「汚いぞ！　もう新聞とらねえぞ！」

そうは言いながらも試合には引き寄せられてね。

本番に強い人間がヴェルディには多かった。練習試合でいいプレーをする選手はよくいる。練習だから失敗してもいいと前へ行け、相手に詰められてもボールを持っていられる。それが公式戦だと怖くて球を無難に手放す、逃げる……。

5万人に囲まれようが何を指示されようが重圧がかかろうが、平気でいつものプレーをするのがひとつ上のプレーヤーなんだ。場慣れ・経験、形にみえない部分で違いがでるのね。柱谷哲二さんなんか、練習より試合の方が速く走れちゃう。

20年前のヴェルディはサッカー少年にとって、現在のバルセロナでありレアル・マドリードだった。

先日見た、今の少年たちに夢を尋ねる某新聞の一ページ。

「ワールドカップ優勝」

「メッシより強くなる」

「世界の得点王に」

僕らの時代とは目指すステージが全然違う。

そこにこんな子がひとり。

「キング・カズになる」

こういうのも、いいですね。


（2013・4・12）

嫌な流れをぬぐい去れ

どうも嫌な感じがする。

良い形で一年を終えた翌年、一転して低迷。横浜FCは何度かそんな経験をした。6位と健闘した2010年の翌2011年、18位のどん底に。2012年は昇格にあと一歩まで詰め寄る4位となり、さあ迎えた今季。2勝3分け5敗で18位にいる。始動から手応えはあっただけに、予想もしなかった。

チームに勢いがないのがベンチからもわかる。勢いの出る時間があっても、最後に押し切られてしまう。

一年の戦いには「ここを勝てば上昇気流に乗れる」というポイントがある。3連敗で苦しみつつもアウェーで勝利をつかみ、臨んだホームの長崎戦はそうだった。逆転負けした横浜ＦＣは波をつかみ損ねている。

なぜ。

どうすれば。

問いかけてみても、自分たちのしてきたことを信じ、ぶれず、きっかけをつかんで勝つ、しかないいんだけれど。

「味方が遠いよ」

「縦に急ぎすぎでは」

控室で声が漏れる。奇妙なことに、低迷した２０１１年に選手が口にしていたのとセリフが同じ。監督もチームも変わったのに。もちろん山口素弘監督だけの責任じゃない。監督は選手とはまた違う視点で総合的に解決策を考えているし、それにピッチで表現するのは選手だ。

僕らは忘れかけているのかもしれないね。昨季に4位へ追い上げたときの感触。相手をいなす、いい意味の遊びを持っていた。いまは遊びの代わりに焦りがあり、ディフェンスの背後を早く早く、と狙い過ぎて球を失う。

監督やコーチは一つ先を目指しているのだと思う。「良かったときの横浜FC」にプラスして。それに応えつつ、もう一度考えるのもアリじゃないかな。4位になれたのはなぜか、と。

僕としては、相手に寄られても回せるだけの力をチームでつけたい。バルセロナみたいに、というわけじゃない。J2のレベルでボールを保持できる特別なチームにならば十分なれると思うから。

「前線がみんなディフェンスの裏へ動いて離れるから、誰かは引いてきてくれれば」と話すミッドフィールダーもいるみたい。いるじゃないの、下がって球を引き出せるフォワードなら……。

それはさておき、2年前の悪い流れを覚えている選手が現チームにも残っている。僕もそう。繰り返したくないし、何をすべきか自分なりに考えてみるよ。

（2013・4・26）

変化にしか発展はない

Jリーグができて20年。あっという間だったね。

「日本選手は、1部でも2部でも構わないからドイツリーグへ行きたいという。でもドイツだって良いクラブも悪いクラブもある。なぜJリーグより劣るクラブにまで行きたがるのかな」

クロアチア人のミキッチ選手（広島）が語っていた。確かにそう思う。僕もザグレブでプレーしたけれど、クロアチアリーグがJリーグより優れたリーグかといえば、そうじゃない。

思うに、ヨーロッパの人々は日本人が思う以上にドメスティック。英国人は「英国が最高」と自負したり、イタリア人はパスタが一番で「なんでドイツ人はソーセージばかり食べるんだ」と考えていたりする。

それに比べ、日本人は食文化に限らず「受け入れる力」がすごくある。Jリーグもこの20年、そうして良いものを取り入れながら発展し、みんなが学んできた。地域に根を張ることの大切さ。同時に、支える企業という存在もクラブ経営には欠かせないという教訓も。

午後4時開始予定の試合が5時から始まる。タイではしょっちゅうのことらしい。香港では横浜FC香港が素晴らしい戦いでリードしたら、前半だけで試合が終了。リーグで権力を握る対戦チームが負けそうだったからで、こうした不正はJリーグでは考えられない。

アジアにおけるJリーグってどうだろう。プレーレベル、スタジアム環境、安全面……。運営面なんて完璧に近いと思うよ。

これまでJリーグは各クラブを助けてきた。誕生したてのクラブには特に寛大に。でも今後20年は本当の競争に入るのかもしれない。差は広がり、落ちこぼれるクラブも出てくるだろう。

「ドーデスカ、イッパイノンデキマセンカ。オ、カズサンジャナイデスカ」

東京・六本木で大勢の黒人の人々がビラを配っている。20年前は違ったよ。こうした国際化で外国人枠も撤廃、横浜FCも全員韓国人に、なんてね。その一方でスペインなどでは育成選手を試合で必ず使うべきだとの議論もある。世界の変化をよく見ていかなきゃ。

変わることには夢もある。J2に昇格したての長崎が東京ヴェルディより上位にいる時代。20年前、ヴェルディ川崎が長崎より下にいると予想できましたか？

変化は拒めない。でも、そこにしか発展もない。

（2013・5・10）

数字だけでない役割

先発した北九州戦で61分間出場し、翌朝の練習試合も出たいと直訴したら「やらないで」と却下された。僕は85分で交代を告げられても「あと5分出たい」と思うタイプなんだけどね。

61分間。46歳。リーグ通算155得点。選手には数字がつきまとう。お金の額や時間、人はみな数字に追われている。

米国の会社経営は3年で数字を残せないと失敗だと聞く。サッカーでも分析技術が発達し、すべてを数値化できそうだ。

フォワードがシュートを1本しか打たない、カズはシュート0本。それは〝正確な数字〟かなあ。フォワードだけで結果は決まらないし、どこまでがフォワードの数字だろう。

打点王、ホールド王、セーブ王……。野球と違い、個人タイトルがサッカーに少ないのは数字にしにくい競技だから。昔、日本リーグ時代は「アシスト王」があってね。アシストの一つ手前で貢献したプレーもアシストに加算されるなど、何かと無理が多くていつの間にかなくなった。

「彼のワンプレーで勝てた」という仕事を二桁のゴールやアシストの形で残せれば、選手の値段もケタが上がる。すごくうまくて能力があるのに、その仕事を数字にできない選手もいる。

僕は得点数を意識しなさ過ぎてダメだった。フォワードっぽい仕事はできたけど、もともと中盤を好み、前線でボールを待ち続ける柄でもなく、ストライカーとしては失格。純粋なフォワードではないのにあの数字が残ったのは奇跡的だと思うよ。

数字に出ない役割もよく見たい。ディフェンスなんて仕事は数字で残せない。イチロー選手（ヤンキース）が「22打席ノーヒット」と騒がれる。でも1点を阻止できる彼の守備には1点や1安打と同じ価値があるという評価もできる。

横浜FCに加入した某大卒フォワードの話。よく走れるし、走行距離ならかなり多い。「もっと走れ」と鍛えられてきた彼が、プロで「そんなに走るな」と指示され面食らった。

要求されたのは「考えて動き、スペースを埋めろ」。

僕も一つ教えてあげた。

「どんなに速く走れても、ボールの方が速いから」

味方との距離や位置を考えないと、どう追ってもボールには届かない。どう、いつ全力で走るか。数字だけでは見えにくい部分だ。

数字を残すのがプロ。数字に表せないものを表現するのもプロ。僕は数だけにとらわれて生きたくはない。

（2013・5・24）

「みんな」で戦うワールドカップ

日本は、サッカーではいわゆる新興国といえるだろう。インドやブラジルが経済で急成長したように、力をつけ、世界的な選手を抱え、アジアの強豪になった。

ただ、ワールドカップ予選や本大会は「強ければ突破できる」という性質のものじゃない。ブラジルやイタリアだって成績を残せるかは分からない。

いまの日本はワールドカップで8強・4強に進む可能性を秘める。同時に予選で敗退してもおかしくなかったわけで、5大会連続出場が決まり本当によかった。真面目さ、勤勉さ、きっちり組織を組める強さ。日本のストロングポイントは予選に限らずこの先も必ず生きてくる。

一つ忘れちゃいけないことがある。自分が成長していれば、周りも成長している。日本が世界のトップ「になる」努力をしているなら、ブラジルもイタリアも世界のトップ「でいる」ための努力をしているんだ。

横浜FCユースの指導者に「本気でプロになりたい若手、何人いる？」と尋ねた。「微妙ですね」という。そこでは「君たちはプロになりたくないのか」と成長を促す教え方は通じにくいね。

ブラジルのユース世代は30人いれば30人が「プロになりたい」という人間だ。

「ロナウジーニョのような生活、したくないのか？　お金に困らず、いい服を着て、いい食事をして……」

僕も似た言葉をかけられた。

サッカーで成功したい、有名になりたい、強くなりたい。このエネルギーに満ち、サッカーが生活やビジネスと一体化したブラジルでさえ努力を続けている。

「ブラジルのサッカーは後退している」

「このままでは世界に取り残される」

関わる一人ひとりが、危機感と重圧を覚えながら四六時中議論をしているよ。だからまだ成長している。

いまの日本はフランスやブラジルと十分に戦えるはず。でも勝負としてはブラジルと0―4に終わっている。ワールドカップで主導権を握る戦いができるのか、この一年は自分たちの力を見極める時間だ。

ワールドカップ出場が決まったということは、中学生にも46歳の僕にも、日本のみんなにワールドカップに出る権利ができたということ。扉は開かれた。この一年、世界で勝つために力をもうワンランク上げるよう、「みんな」が担い手となって頑張らなきゃね。

（2013・6・7）

ブラジルの強さの源

ブラジルの人々には「これじゃ、できない」という発想がないと思うんだ。サッカーでの話だけどね。ピッチがどう、シューズがどう、雨や風がどう、など関係ナシ。場所さえあれば喜んでサッカーをしちゃう。

足場がびしょびしょでボールをつなげないなら、リフティングしながらドリブルしてやろうと考える。ビーチで足もとが分厚い砂なら、ボールを単に蹴らずにすくって、うまく浮かせて前に運ぶ。

「無理だ」などと言わず、考え方の目先を変えて、頭を使い、楽しむ。だから、うまくなるんだ。

浜辺に空き地、街の至る所にサッカーはある。みんなサッカーをしたくてしょうがない。

「カズ、草サッカーに行こうよ」

若い頃の僕も日系人によく誘われてね。「すぐそこだからさ、行こう」。3時間もかかる場所へ連れて行かれて。

そこでは10歳の少年から50歳の大人まで、元プロも下手くそも一緒くただ。そしてみんな本気になる。大人は容赦なし、子どもを子ども扱いしない。子どもも「僕は子どもだから」などと逃げない。一生懸命やらないと「しっかりやれ。ばかもの」と大人に怒られる一方、子どもは子どもで「おっさん、もっと走れよ！」とやり返す。勝負にこだわる姿勢を自然と吸収していく。タフにもなるよね。

子どもだけ、大人だけ、会社の人間だけ、で固まる世界でないから学ばされる機会が多い。もちろんブラジル社会にも上下関係の厳しさはあるけど、ピッチ＝仕事の世界では年齢も上下関係も関係ない。

会社にも通じることじゃないかな。部下が上司のミスに「しっかりしろ」と言える部署、成績が上がると思うよ。目下が目上を、目上も目下を助けるようになる。ゴミが上司のそばにあり、上司が部下に拾わせる。でも自分の近くのゴミなら、上司だろうが部下だろうが、拾える人間が拾えばいい。

年や属性が身を守ってくれない世界で生き残るには、口だけじゃだめ。自分の力を見せるしかない。

この日曜の試合で力を見せれば、次の日曜も同じ場に立てる。僕もその一心でブラジルを生きていた。厳しくとも、人々は混じり、近くに感じられたあの世界が好きだった。

コンフェデレーションズカップで日本代表を3―0で打ちのめしたセレソンの源には、文化の強みがあるんだ。

（2013・6・21）

王国に刺激を受けてのゴール

栃木戦を控えた午前、コンフェデレーションズカップ決勝を見ていた。無性にまた見たくなって、懲りずにこれが3回目。

ブラジル国歌斉唱。演奏がやむ。観衆は歌い続ける。むしろ、より大きなうねりになる。

「我々は復権する。サッカーのエキスパートは我々だ」

7万人全員がその心意気を共有している。テレビ越しの僕でさえ心が震える思いがした。

そして、キックオフに続いて放たれたセレソンの選手のあの真剣さ。戦う気持ちって、あの域まで持っていかないといけないんだね。

ネイマールのゴール。なんて迷いがないんだろう。

自分も得点をとり続けていた頃、ああだったよな、とにかくゴールへ打っていたよな、迷っちゃいけないんだ――。

意識の底で思い出したような出さないような。栃木戦の開始16秒でいいパスがきたとき、思い切り振り抜くことができた。

トラップからシュートまでの連動、撃ち抜いたコース。

「欧州のリーグで見るようなゴールだね」

サッカー界以外の知人もそんなメールをくれた。これだけたくさんの方に喜んでもらえると、ただの1点でも大きな1点なんだろうね。

コンフェデレーションズカップ直後はあまりの刺激に「ちょっとブラジル行きを考えよう」と意を新たにしたのだけど、実際に得点すると「カズはもっといけるかも」と周囲も大げさな夢を抱き始めかねないようで……。いいことなんじゃないかな。僕もそうやってみなさんと夢をみて。

ゴールには力が、説得力がある。「すごい」とみんなが言う。でもね、僕は毎日トレーニングすることの方がすごいことだと思う。年間50試合出場していたのが10試合に減ったとする。それなら10試合分の練習で済ませればいいかといえば、やっぱり50試合分の練習をしないとだめなんだ。

5分しか出られない、出番が5試合に1試合しかない。それでも同じことを、同じテンションで、高い意欲で変わらずにやる。1点を取ることよりもよっぽど大変なことだし、よっぽど評価されるべきことだよ。そういうものがなければ、どこかにはたどり着かない。努力がなければチャンスも生かせない。僕らに「たまたま」なんて絶対にないから。

リーグ最年長ゴールはご褒美。付録です。大事な〝本体〟は、練習なんです。

（2013・7・5）

生き残るベテランとは

僕も含まれるらしい「ベテラン」。でもベテランの定義って何？

ベテランにもいろいろいる。変化に対応し、成長しようとするベテランでなきゃいけない。

強いもの、優れたものが生き残るわけではない。そのときどきの状況に対応できる種が最終的に生き永らえる。それが生物の法則だと聞いた。サッカーの世界も人生も、一緒だろうね。

僕の40代、先輩の50代、いまJリーグで中心の20代。20代には20代の歩んだプロセスがあり、それぞれ違う考え方を持っている。上の年代層の僕らは下の世代の目線まで下りて、違う価値観を理解すべきなんだ。自分の世代はサッカー史を創ってきた、とあぐらをかくようでは話にならない。

「俺の時代はこうだった」

そんなもの、今日の練習には関係がない。トレーニング法もスポーツ医学も新しいものがどんどん生まれる。良いものならためらわずに取り入れる。ネームバリューでなく行動で示せるのが「いいベテラン」。

長谷部誠選手（ウォルフスブルク、29歳）と会って、遠藤保仁選手（ガンバ大阪、33歳）の話になった。

「練習でも、ワールドカップの試合でも、いつも変わらない」

いいときと悪いときの幅がすごく小さい。脱力しすぎでは、と思いそうになるあの安定感も、豊かな経験によるもの。経験ある選手の一声は、代表の控室やベンチでも大きな力になる。

47歳と46歳、1年違いでも、肉体は確実に変化する。47歳までやれたなら48歳でもできるでしょ、と考えそうだけれど、そう単純じゃないよ。37歳から38歳へ移るのとは、同じ1年でも重みと難しさの次元が違う。

僕が40歳のとき、横浜FCはJ1に昇格して「不惑でJ1」と注目されたものだった。今週、試合で再会した岡野雅行選手（鳥取）は40歳で、なお現役［2013年末に現役引退］。なのに、インパクトは薄いらしいんだ。僕がハードルを上げちゃったみたいで。

大久保嘉人選手（川崎、31歳）が「40歳まで得点を取り続けたい」と言ったらしい。取れるよ、僕に言わせれば。一昔前なら「無理」でも、今は多くの選手が「40歳なら……」と考え始めている。一人が壁を越えると、次々に続き、それが当然になる。そうやって進化していくんだろう。

僕が50歳までやると、一体どうなるんだろうね。

（2013・7・19）

若手よ、存在感を示せ

若い人が集まる場は、はたから見ても活気があるよね。お年寄りに人気の東京・巣鴨も元気があるけど、渋谷の活気とはまた違う。東アジアカップでも「新しい力」が頑張っていた。

怖さを知らない若さの勢い。その分、無防備さもある。

優勝した東アジアカップ組も、コンフェデレーションズカップ組と比べれば試合運びがばたついたし、差は否めない。でも柿谷曜一朗選手（セレッソ大阪、23歳）らの活躍は新しい要素で、ポジションの重なる選手には刺激が生まれる。それがいい方向へ向く。

コンフェデレーションズカップの3連敗があり、日本の鼻っ柱がガツンと折られた感じがあったところ。新しさに全てを委ねるわけではなく、新しさを加えることで循環が良くなり、従来のものも成長していける。

20年以上前、23歳でブラジルから日本へ戻ってきたとき、僕は新人ともヤングプレーヤーともみなされなかった。ブラジルでの経験がある特殊さから、みんながどちらかというと僕の意見を聞き入れてくれて。今となれば、あのころは我ながら生意気だったなと反省します。自分が点を取り続け、自分がチームを勝たせていると思っていて。それが自信にもなっていて。

それは「良い勘違い」、若さの特権。現実には、優れた中盤の選手がどれだけいいパスを供給してくれたことか。僕が点を取るためにディフェンダーがどれだけ体を張っていたことか。自分がその立場に回るとよく分かる。

集団のなかで存在感みたいなものを示す。若者にしても大事なことだ。「ボールを下さい」でなく、「おれに寄越せ」と言えるまでになれるか。親善試合で凱旋した宮市亮選手（アーセナル、20歳）もそんな必要性を自分なりに感じているようだった。

Jリーグでもそう。若かろうが、自分の行動と結果に責任を負おうとしているか。中心になる気概はあるか。横浜ＦＣの練習で僕は先頭を走る。ただね、若い人がそうならないとチームは強くならない。

ベテランがはつらつ、中堅も元気、若手もいる。熟練者をただ集めたのでなく、バランスが取れつつ組織として熟成しているチームは強い。Ｊ１の広島が成功例だろう。理想の組織とはどの分野でもたぶん似ている。人がやること、考えること、感じること。人が関わる限りではどの世界も同じなんだから。

（２０１３・８・２）

ルーティンを崩さない

サッカーは常に相手があることだから、思い通りにいかない方が多い。ペナルティーキックの失敗はゴールキーパーの成功で、僕のドリブルだって取られることが多いかもしれない。失敗が成功よりも圧倒的に多い。そんな失敗から学ぶ。

「4千本のヒットを打つには少なくとも8千回以上は悔しい思いをしている。それと常に向き合ってきた」

日米通算4千安打を達成したイチロー選手（ヤンキース）が語ったことだ。打てなかった自分、ミスとも向き合い続ける。打席に立てるか立てないか分からなくても、怠らず常に準備をする。強調したかったのはそこじゃないかな。体の状態が少々悪くても休めない、年長になれば乗り越えるべきものも増える。ある意味では試合は楽だ。自分を見せる、高揚できる場。見えないところで厳しい練習を積み、苦しさと直面し続けるのは簡単じゃない。

イチロー選手がイチロー選手であるためのルーティン（きまりきった手順）。それを絶対に崩さず、オフの時期から準備にこだわっていくんだね。これは必ずやる、という決まり事は僕にもある。日々繰り返すのはあくまで試合で90分間出場するため。立場は違っても、似ているとも思う。

水曜に練習を立ち上げ、きつめの木曜をへて日曜に試合。出場すれば月曜はクールダウン、出なければ練習試合。火曜がオフ、また水曜へつながる横浜FCの循環のなか、僕にとって人生で一番の苦痛は試合に出られないことだ。それと向き合う晩はストレスが限界に達する。

そこで自問する。

「次をつかむには、目の前の月曜日からだ。ここにしか自分のチャンスはない。ここでベストを尽くす」

そこへ意識が向かってしまえば、強まりきった苦痛がなかったかのように薄らいでいく。エネルギーに変わっている。この切り替えがうまくなったんだろうね。この繰り返しで、それも僕のルーティンになっていく。

僕なんかスポーツ選手の「職業病」で、休みに何もしなかったときは具合が悪い。オンを充実させるオフの過ごし方は難しいよ。ボーッと過ごすと翌日に体が重い。活動的だった方が練習再開日も気だるくないけど、どこか疲れている気もするし。

当然、私生活でもきまりがあるけど、そこは言えないルーティンもあるので。

（2013・8・30）

思いの強いものが勝つ

ロンドンオリンピック出場を目指しつつ、一つ先のリオデジャネイロオリンピックも頭に入れる。そういうアスリートは少なかったと思う。でも2020年オリンピックが東京に来て、3年後を意識しつつ7年後も、と意を強くした日本の選手は多いんじゃないかな。

7年後、僕は53歳。マラソンか何かで出場、かもしれないね。もちろん可能性ではサッカーが一番あるだろうけど、他に夢を持つとすればマラソンかも……。

100メートル走でオリンピック出場はどう転んでも無理だし。まあ結論から言えばマラソンも無理で、冗談ですけれど。

福島県など被災地にはポジティブに反応できぬ方々もいると聞く。僕らがのんびりと東京で暮らすいまも、大変な思いをされている方がいる。避難が続き、故郷の地も踏めず悲しみに沈む人がいる。原発の汚染水問題について「状況は制御されている」という言葉を複雑に受け止めた人々もいるだろう。7年後の祭典より、「今日を何とかしてほしい」という思いのはず。

東京オリンピックに向け日本が変わっていくなかで、オリンピックの効果が様々に生まれる過程で、もたらされるものが被災地へもつながってほしいと願う。日本が元気になり、余裕が生まれることで支援の力も強くなることを。

7年先にはっきりした目標ができ、そこへ向かう大きな力が生まれる。「でも、一日一日ですよね」とレスリングの吉田沙保里選手は僕に語った。アスリートに7年という月日は長い。目の前の大会にベストで臨み、乗り越えるのさえ大変だ。

では遠い目標へのモチベーションを維持するにはどうすればいいか。毎日毎日努力するしかないんだね。いまはみんな高揚しているけど、この興奮を7年間維持していけるか。それは大会そのものを成功させるためにも言えることで。

今回は都知事ら招致に心を砕いたみなさんの思いと熱意が他よりも強かったと思う。この成功の陰には前回の失敗がある。夢は、かなわないときも当然ある。でも思いや努力は報われるということだね。意欲あるところに何かは生まれる。思いの強いものが、勝つ。

だから思う。ワールドカップに出場したいと言ってはいても、僕には思いが足りなかったのだと。積み残した思い、目の前の次の試合に込めます。

（2013・9・13）

もし3シーズン制であっても

僕がいたころのブラジルのサンパウロ州1部リーグは上位8チームでプレーオフをしていた。ライーなど有名な代表選手もいたころ。それは観客動員が減ってクラブ経営が苦しくなったための策で、しばらくするとまたプレーオフなしに戻りもした。100年以上の歴史があるブラジルでも、1シーズンにしたり2シーズンになったり、制度はその時々で形を変える。

1シーズン制の典型であるイタリアでもスペインでも、リーグ運営はすんなりいかないのが現実じゃないかな。

スペインでは2強クラブがもたらす放映権が巨額で、2部のクラブへも分配金が5億円近く入ってくるという。J2クラブの年間予算より多そうな額で、小クラブはそれが支えという一面もあるわけでね。

Jリーグの2シーズン制への移行には「消極的賛成」が多かったと聞く。1シーズンの方がすっきりするし、それなら年間で2、3位のチームが優勝決定戦で1位になることの違和感もない。あるべき形だと僕だって思う。プレーオフ導入でメディアの取り上げ方に動きが出るとしても、それが各クラブを潤すまでになるか、はっきりいって分からない。

ただ、サポーターや選手には見えないけど、経営者の立場からは見える現実があると思う。このまま何もせずでは行き詰まる、消えるクラブが出ると感じ取れる読みや勘があるのだろう。そのプロが様々にリサーチし、考え抜いた決断だと信じたい。僕らが考えつくことは既に議論されていると思うしね。

この際だから「降格プレーオフ」も設けるのはどうかな。前期と後期の下位各2チームによる生き残り戦。落とせる試合がなくなるし、盛り上がるには盛り上がるね、と仲間内では話題になった。でも前期優勝チームが後期ビリだとどうするか、制度として難しいねという結論になったけど。

最善は1シーズン制なわけだから、日本が本当に1シーズン制でやっていけるリーグになるよう、みんなで頑張ろうよということだね。今回の変遷も歴史として積み重ねればいい。ルールは定められる。選手はそこで全力のプレーを見せることだけを考える。見る人もそれを望む。そうした根底の原則は、2シーズン制でも3シーズン制でも変わらないわけだから。

（2013・9・27）

チャンスはそこにある

クロアチアで無職になったころ、1カ月ほどヨーロッパを放浪した。面白かったなあ。

いろんな国で練習やテストに加わって。

またやりたいよ。46歳で「何しにきたんですか」と言われてね。そこにはチャンスが転がっているものだから。

イングランド2部ボーンマスの練習試合にも行った。周りはトウモロコシ畑、でも芝生は最高のスタジアム。僕が3点入れて4—0で勝った。

僕を売り込む代理人は鼻高々だ。ただ「試合前の午前練習がイマイチ」と難癖を付けられ、結局オファーはなかったんだけどね。でも代理人は「サウサンプトン関係者が見ていたぞ」とささやくわけ。

ブラジルには何百ものチームがあり、練習ひとつでも誰かの目に留まる。サントスに始まりコリチーバなどに渡って再びサントスに戻れたのも、行く先々で僕を見ている人々がいたからだ。億万長者になるチャンスがここにあると、どこにいても思っていた。だから常に全力になれた。

今でも変わらず、そう思う。これ、横浜FCのサブ組の練習試合だって同じだよね。だからうちの選手に言うんだ。

「大学生相手でも何であろうと、どこで誰が見ているか分からないぞ。たまたまヨーロッパの人が来ていて、俺たちを気に入るかもしれないだろ」

横浜FCから日本フットボールリーグのチームへ期限付き移籍する若手が「戻ってこれるよう頑張ります」と抱負を述べた。「違うよ」と僕。「頼むから戻らないでくれ、と向こうで言われるように頑張るんだよ」。

かつてブラジルの地方のクラブは契約を終える僕に言ってくれた。

「倍の給料を出す。残ってくれ」

そうであったから、僕も次のステップ、高いレベル、先の人生へ行けたはず。

日本代表がセルビアへ遠征している。全員に大チャンスですよ。日本選手にもセルビア人にもザッケローニ監督にも。思い返せば就任当初の監督を「過去の人」と評した人もいた。その監督が異国をアジア王者に導き、母国と好勝負を演じ、イタリア代表監督候補に数えられている。遠い日本で信念を持ちチームを作ることが、欧州に認められる時代なんだ。

誰かが見ている。あると思っている人間には、チャンスはある。世界が近くなった今、なおさらだよね。

（2013・10・11）

最終幕、緊迫感の季節

日本人メジャーリーガーのなかでも、レッドソックスの上原浩治投手は特別に応援している一人だ。もみあげを長すぎるくらい伸ばしていたときがあったでしょう。あれが格好良くて。

ポストシーズンの熱投。テレビ越しでも上原投手の緊張感が伝わってくる。抑えれば天国、ダメなら戦犯。この一球で出し切る、その連続だ。選手一人ひとりの必死さ、一球一球への集中力が、手に取るようで。

野球もサッカーも最終幕を迎えるこの季節。プレーする人、観戦する人、みんなが「ここで負ければ終わり」の感覚になってくる。関わる人全ての意識が一つの方向へ向から。それが特別な場、緊迫感を作る。

国内でワールドカップ予選を迎えるときできるのも、そんな空気。欧州遠征の親善試合ではそこまでにはならないから、選手には難しい。紅白戦、練習試合、本番、ワールドカップ予選。それぞれに全く別物でもある。先日の代表戦はその点も考慮に入れてほしい。

「ワールドカップに出場できない国に日本は1点も取れず連敗した」といわれる。ではセルビアもベラルーシも日本より弱いか。そんなわけない。日本よりサッカーの歴史が長く、その文化が根付き、フランスやクロアチアでさえ苦しむ予選を戦う地域の国ですよ。一人ひとりをよく見れば、日本代表の一人ひとりよりいいクラブでプレーしている。日本が負けても、欧州に驚きはない。

「つまんなかったですね。中継、消そうかと思った」

横浜FCの同僚が言うので、僕は意地悪になった。

「じゃあ横浜FCの試合はそんなに面白いか？　俺たち、もっとつまんないと思われているかもしれないぞ。俺たちもチャンネルを変えられかねない。そう考えてみたこと、あるか」

欧州チャンピオンズリーグ決勝がドイツ対決になるや「リーガ（スペイン）やプレミアリーグ（イングランド）でなくドイツの時代がきた」という。上原投手ら抑えは「先発できない投手が回るもの」だとも。

説明として明快かもしれないけど、浅はかだよ。スポーツを語る観点の浅さ・深さが、結局、その国のスポーツ文化と歴史の薄さ・厚みでもあると思う。

と、見ていたら、レッドソックス幹部が「格安なのにこんなに活躍してくれて」と語る。その格安、4億数千万円。桁が違うねえ。

（2013・10・25）

同じカズダンスなのに

今季2点目のゴールを決めた翌日。ディフェンスの背後から突っ込んだヘディングに

「躍動感があったよ」とマネジャーから褒められた。へべれけに酔っ払って言われても、困惑するんだけど。

ただ、彼は「カズに仕事をさせます」という言い方を絶対にしない。マネジャーの自分は仕事をお願いする立場であり、「させる」などあり得ないのだと。広告の仕事が舞い込んだのに、「カズを使って何をたくらんでるんですか」と突っぱねる人も珍しいだろう。

困っちゃうのは静岡の親父。「それ、知良にさせる」と頼まれ事を次々請け合ってくる。それでユニホームにサインをするのだけど、一体どこへ行くのやら。

休暇で静岡の酒場に寄ったとき。店長が「カズさんのユニホーム、一番いいところに飾ってあります」と自慢げだ。よく見たらビンゴの景品になっている。しかも5等。善意だろうけど、安売りが過ぎないかい。

その親父が、横浜FCの三浦淳宏選手の引退試合で会った人々に「こいつ（＝僕）も早く引退して、いろんな場所で引退試合やって、それでもうけたいけどな、なかなかやめないんだよ」と言い出した。「その試合でタオルを売ってな」と妄想は膨らむ。どの世界も、足を引っぱるのは身内のような……。

余談はさておき。松本山雅戦はゴールしても勝てなかった。もっといい試合をしたかった。そんな試合が今年は多かった気がする。

1年前の今ごろ、昇格目前まで自然と勝ち進んでいけた。今年は一度歯車が崩れると、巻き返す力がない。やっていることはそれほど変わっていないのに。

勝負事は紙一重。横浜FCはチームとして仲がいい。勝てば「まとまりがある」となる。同じものが、勝てないと「なれ合い」とされる。男と女の関係と一緒。マメな異性がいる。恋愛対象なら「すごく気が利く、優しい人」であっても、嫌いな人なら「しつこい」に変わる。何が正しいのか、サッカーでも難しい。

20代のころ、カズダンスをすると「けしからん」と40代の方々に叱られた。いま、得点して踊ったら「カズダンス最高！」と60代の方から祝福される。同じダンスなんだけどねえ。やり続けたことで重みと味が出てきたのか。ゴールとダンス、僕はどちらを期待されているのやら。


（2013・11・8）

野心を駆り立てる

この10年で最も輝いた男性という賞を某雑誌からいただいた。個人タイトルに縁のない10年を評価されるのはうれしい。続ける・諦めないという価値観は、追い求めてきたものだから。

1年だけ頑張れる人。2年の人、10年の人。ただ、20年頑張れた人は「20年頑張ろう」と思っていたわけではないと思うんだ。一日、一年、積み重ねた結果が20年になる。よくなりたい、上にいきたい。野心に似た感情がなければ、実際に「上」にはなかなか届かない。自然に成り上がれた人、少ないんじゃないかな？

まだ活躍したい、できる。この野心が不思議となくならない。ここ2試合続けてベンチ外になった。「46歳なんだからたまには外れてもいいでしょ」とみなさんは思うでしょう。僕はプロになりたての20年前と感じ方がまったく変わらない。「まあいいや」が頭に浮かばない。なにくそ、悔しい。これが野心だと思う。

20点取ったら30点取るフォワードが出てくる。上を目指すライバルは次々と現れる。だから野心も、次から次へ育み続ける。

でも野心だけではだめ。努力が伴わないと。

若い頃は「監督が」「誰々が」と考えがちだった。いまは自分に矛先が向く。「俺は何が足りないんだ？」。野心をエネルギーに変えるのが上達したなと、思うこのごろであります。

周囲の厳しいプレッシャーが、成長してやるという反骨心、しなければという自覚を芽生えさせもする。いまの日本代表はみんなこの道筋を経験してうまくなっている。責任を負わされ、ちょっと悪くてもぼろくそに批判され、たたかれるほど強くなる。僕もブラジルやイタリアでバッシングに成長させてもらったからよく分かる。これで欧州遠征のベルギー戦のように成果を出した日には、「みたか」と痛快。プレッシャーのかかる状況も成長の過程では必要で。

ぎらつきながら余裕も欲しい。一つのミスに「こんなプレーで申し訳ない」という反省する心と「宇宙規模で考えれば、どうでもいいな」とはねのけるずぶとさと、僕は両方持ってます。人生、表があれば裏もあり。

僕はトップじゃない。でも自分にしかできぬことを積み上げてトップになるやり方もある。誰も真似できない領域へ、半歩。自分で野心を駆り立てる。

（２０１３・11・22）

プロは己に問いかける

サッカーは自分だけではコントロールできないものだ。ピッチには相手がいて、状況があり、運も左右する。僕がどんなに調子が良くても、誰かのミスでチームプレーは悪くなりもする。当然、ダメな自分が周囲のリズムに助けられるときも。その先に勝敗がある。

では自分がコントロールできるものは。どのくらい集中して練習できたか？　どれだけいい準備で日々に臨めたか？　そこもちゃんとみていたい。それができていたら、成績以外のところで「いい年だったな」と思えることもあるだろう。

２０１３年、ケガも休むこともなく、毎日がマッサージから始まり、体幹トレーニングを経て練習へ。練習後は間借りした自家製ジムで初動負荷など補強トレーニング。先発は14試合で、前年より増え、自分なりに良い部分を出せた。「働けたな」との実感がある。チームは11位に終わり、もちろん物足りない。ただし物足りなさはいつも胸に感じておくべきもの。常に自らに問いかける自分でいたい。

元気だね、変わらないねとよく言われる。ただ、〝変えてきたので、変わらずにいられる〟ともいえる。

20代はきつい練習で調子が上がったとして、同じことを30代にすると疲れがぬけず逆効果になる。そこでダッシュなら１００本を30本に抑え、その分、走りの密度や効率を求めると、体と感覚の帳尻が合ってくる。量を減らすのは後退に似て、怖く感じるものだけどね。

一方、がむしゃらに１００本走った時代のある人でないと、30～40代で強度の高いことをしようとしても無理。ずっと「30本の人」は手の施しようがなくなる。100人すべてをプロにはできないからこそ、プロ。全員が全員、プロで20年生き残ることは難しいともいえる。

きついことをやるなら、早ければ早いほうがいいよ。朝方から心拍数190で走り、やり過ぎたと悔やむときも若い頃にはあったけど、練習は無駄にはなっていない。2014年も1月3日からハードに始動します。

しかし体にせよ何にせよメンテナンスにはお金がかかる。サッカーばかりでも成長しないから銀座のお姉さんにお世話になるけれど、それもお金がかかるしさ。

ともあれ人間ドックでも異常なし。ここでまたお会いするとき、みなさまもお変わりなく。

（2013・12・6）

休んでいる場合じゃない

いい準備をしなければ、何も始まりはしない。今年（２０１４年）もそんなことを考えながらキャンプを過ごしている。

試合が続くシーズン中なら、みっちり練習できるのは週３回ほど。横浜ＦＣは１月の１次キャンプ、５日間で９度の練習を消化した。ざっと３倍だ。負荷の量も質も高まるから、この時期は選手が故障へと追い込まれるときでもあるね。

体が壊れそうだからとすぐ休むと、大切な練習量が減る。とはいえ無理すればケガを引きずり一年を過ごすことになる。しんどさを乗り越える勇気と、休む勇気。見極めが難しく、とても神経を使うところだ。

「ちょっと……休まなきゃだめかな」。沖縄２次キャンプの２月５日、練習前にトレーナーが僕の体の異変を感じ、ぼそっとつぶやく。僕は休みたくなかった。練習に出てウォームアップ。「……だめだ」。自分で判断して練習を一時離脱した。やっていいとき、悪いときがある。

先発出場の当落線上にいる選手は「休みたくない」と切に思う。僕もそう。

一方、監督が「休ませたい」選手もいる。横浜FCの話ではなく、どの海外チームや強豪でもそういうもの。

後者は休んでも出られるから「差別だ」と怒る人もいる。でも、それは区別であって、差別じゃないんだ。1億円の選手と100万円の選手がいる。価値が100倍の選手に無理させたくないのは当然のこと。とすれば自分も1億円の選手になる、とやるしかない。そういう社会なんだ。

1月初旬、グアムでの自主トレ。広島の佐藤寿人選手も来ていた。優勝争いでしのぎを削り、連覇し、天皇杯で元日の決勝まで戦った身で、その1週間後にはもう走り始めていた。「休んだらいいんじゃないの」と聞くと、「休めないですよ」という。「休んだら、怖いです」と。

一昨年は22得点、昨年も連覇チームのエースだった彼でさえ〝怖い〟んだ。自分を支えるものは試合じゃなくて日々の練習——。それが分かっているんだね。

僕や横浜FCより上の人々が、さらに上を目指して突き進んでいる。下からは僕らを追い抜こうとする人々が迫る。「休んでいる場合じゃないよな」。そうなるよね。僕も〝積極的休養〟は2日間だけにして練習へ戻ったよ。フル出場したい。J1に昇格したい。でも「なんとなく」じゃ、だめだ。人一倍やらなきゃ。言い聞かせつつ2月の沖縄を走る。

（2014・2・14）

頑張っていれば、いいことがあるさ

冬の五輪のなかでもソチ五輪はいつになく見入った気がする。朝5時半に起きる習慣のままフィギュアの浅田真央選手のフリーを見る。演じ終えた彼女に感情が湧き出る瞬間。不覚にもといいますか、僕もこらえきれなかった。彼女がたどった地獄と天国を、自分のものとして共感したような。

それ以上に心に残った「顔」もある。あの演技を見届けた佐藤信夫コーチの表情。それは喜びのようであり、悔しさにもみえる。泣き出しそうでいて、満足感も読み取れる。険しい顔つきなのだけれども、これまでの道のりを温かく思い返してもいるようで……。それらすべてがない交ぜで映し出されたあの目、顔は、忘れることができない。

メダリストもそうでない選手も、常にメッセージを発している。人生は自分の力で踏ん張って立つんだ、突っ張るのだと。ツッパリというと不良みたいで死語だけど、もともとは2本の足でしっかりと立つことが「突っ張る」でもあると聞く。

2011年3月11日を境に、人々がスポーツに求めるもの、スポーツが人々に呼び起こすものはより大きくなっているんじゃないだろうか。ソチで浅田選手が生き抜いた絶望と喜びに、震災後の日々を重ね合わせた人も少なくないのだろう。あきらめない心。努力は報われると信じること。チームワーク。きずな。あの日以来、よりスポーツが「みんなのもの」になっているというか。

五輪へ注がれた国民のまなざしを思うとき、スポーツに託された心情を実感するとき、自分も一層真剣に全力でプレーしなければと意を強くする。サッカーもたぶん、何かができる。僕たちサッカー界もワールドカップへ向けて頑張らなきゃ。スポーツの出番だ、とも思うんだ。

47歳の誕生日を迎えてシーズン開幕へと歩み出す。盛大に祝ってくれた方々のためにも、僕はピッチでお返しをする。プレーでこたえる。喜びがなければ人間は生きていけないからね。サッカーで苦しんでいるような顔の若手には、言うんだ。「サッカーは苦しいもんじゃないぞ。練習はきついけど、本来が楽しむもの、喜ぶもんだ。なんでそんなに苦しそうにプレーしてるんだ？」。

人生、頑張っていればいいことがあるさ。言葉にしちゃうと単純でも、これ以上の言葉もないよ。

（2014・2・28）

あとがき

２００６年から２０１０年までの５年間にサッカー選手である僕が感じたこと、思ったことをつづったのが２０１１年に出版した『やめないよ』（新潮新書）だった。あれから3年余。サッカーでは日本代表がワールドカップ・ブラジル大会への出場を決め、いよいよこの6月に開幕する本大会へ向けて日に日に期待が高まっている。２０１１年3月11日には東日本大震災の悲劇が起きている。世の中の空気はだいぶ変わったような気もする。

その間、自分が記し、残したことばをこうして改めて読み直してみると、僕自身のサッカーに対する向き合い方、歩み方は（まったくといっていいほど）変わっていない。

『やめないよ』と同じく、この本は「サッカー人として」というタイトルで日本経済新聞に隔週で連載しているコラムをまとめたものだ。サッカー一色ではない経済紙という媒体に載せているからだろう、企業の経営に携わっている方々など、サッカー界にとどまらない人々から「読んでいますよ」とよく声をかけられる。年代でみても20代から40代、60代の方など様々だ。現場から引退された70代の経営者の方もいた。そんな人生の大先輩の方々から「励まされます」といった言葉をいただけるのは、ありがたいことで、僕こそ励みになる。

僕はあくまでサッカーの話をしているだけ（サッカーしか知らないし）なのに、なんでサッカー界以外の人々が共感してくださるかというと、僕と同じようなことを、皆さんもそれぞれの現場で感じていらっしゃるからじゃないだろうか。

例えばサッカーチームは若手がいて、中堅がいて、ベテランもいて、バランスが取れて活気のある組織の方が強い。リーグ連覇したサンフレッチェ広島はいい例。集団として「これをする」ということをみんながわかっていて、積み重ねがある。ペトロビッチ監督のもとでJ2に降格しても監督は代えなかった。我慢する人事のできる、そんな組織になっている。人事といえば、サッカーは「いい選手だけ集めれば勝てる」なんてことはない。自前で若手を育てつつ、外からも効果的な選手をうまく補強する、つまりマネジメントできるトップがいないとダメ……。こう考えていくと、一般の会社組織とほぼ一緒ということになる。

人が考える、人がやる。すべて一緒、「人」なんだろうね。

「勉強になります」なんておほめに預かったこともあった。学校で机に向かって真面目に〝勉強〟しなかった僕が、「勉強になります」とほめられると、どこか妙な気持ち。でもこれもサッカーを通じて自分が色々なことを学ばせてもらっていることの、一つの証しかもしれない。それがまた僕の励みになる。『やめないよ』でも書いたことだけど、僕は学び続ける人間でありたい。これからも。変わらずにサッカーからいろんなことを教わり、人として成長していくのだろうと思う。

一日一日、みなさんに励まされながら。新聞のコラムを通じて自分の感じたことを語ることも、それが積み重なって一つの本という形になることも、全部が僕のモチベーションを高めてくれる源になる。

「やめないよ」と決意表明した前回から3年が過ぎ、僕はいまだに止まらず、走り続けている。この先、どのくらいまで現役をやれるのか。いまからまた3年後、本を出すことになれば、どんな題名が似つかわしい自分になっているだろうか。そのときでもやっぱり「とまらない」かな？　楽しみだよね。

三浦知良

2014年2月26日

初出――「日本経済新聞」朝刊（各項末尾のカッコ内の数字は初出紙の掲載年・月・日）。
なお、人物の所属や肩書や年齢等は、原則として、初出紙掲載当時のものです。

三浦知良　1967（昭和42）年静岡県生まれ。15歳で渡ったブラジルでプロサッカー選手に。帰国後Ｊリーグで活躍。日本代表で55ゴール。イタリアやクロアチアでもプレー。その後、京都、神戸、横浜ＦＣへ。

Ⓢ新潮新書
563

とまらない

著者　三浦知良《みうらかずよし》

2014年３月20日　発行
2014年３月30日　３刷

発行者　佐藤隆信
発行所　株式会社新潮社
〒162-8711　東京都新宿区矢来町71番地
編集部(03)3266-5430　読者係(03)3266-5111
http://www.shinchosha.co.jp

印刷所　大日本印刷株式会社
製本所　加藤製本株式会社

ISBN978-4-10-610563-0　C0275

価格はカバーに表示してあります。